Bewahren tut not

Dem lieben Ulrike

mit Dank für die

besten Unterstützungen

hier in

herzlich-dankbar sehr.

September 2011.

Hans ...

D1731401

Hans G. Blechner

Bewahren tut not

Erinnerungen · Erkenntnisse
Gedichte

Karin Fischer Verlag

Meinen Eltern
und meinem kriegsvermißten Bruder Fritz,
meiner Frau und meinem Sohn

Inhalt

TEIL 1

SEIT 1913
ERFAHRUNGEN
ERKENNTNISSE
FOLGERUNGEN

Im Laufe der Jahrzehnte eines Menschenlebens rücken Erinnerungen aus der Vergangenheit immer näher, sie gewinnen immer mehr an Bedeutung. Dies umso eindringlicher, als die Vergangenheit nicht etwa stromlinienförmig verlief, sondern geprägt war von Epochen grundverschiedener Strukturen, die die einen hinnahmen und sich anpaßten, andere sich ihnen widersetzten, wenn diese Strukturen den eigenen mit der Zeit gewachsenen Lebensvorstellungen widersprachen.

In diesem Spannungsfeld liegt mein Leben, das 1913 begann – zur Kaiserzeit – mit der Erinnerung an von der Front heimkehrende Soldaten im Jahre 1918, unter denen mein Vater als Frontsoldat fehlte, vielmehr erst im Jahre 1921 aus russischer Kriegsgefangenschaft heimkehrte; die Jahre der Inflation, Deflation mit Wirtschaftskrise, Arbeitslosigkeit, Hoffnungslosigkeit, dann Hitlers Gewaltherrschaft mit seinen schrecklichen Spuren, aus denen wir nur halbherzige Lehren gezogen haben.

Dann die Befreiung durch die Amerikaner 1945, die uns

die Demokratie brachten, den Weg zu einem in Deutschland nie dagewesenen Wohlstand, dem die geistige Komponente aber völlig fehlte.

Dieses Defizit hat zu Unordnung und damit Auflösung gesellschaftlicher Bindungen geführt, ohne die eine Gemeinschaft, ein Staatswesen auf Dauer nicht bestehen kann.

Mit meiner Schrift gehe ich auf die Folgen dieser Entwicklung in seinen einzelnen Erscheinungsformen ein und versuche, den Weg aufzuzeigen, der nach meiner Vorstellung allein das Problem lösen kann.

ERFAHRUNGEN

Im Februar 1913 zur Welt gekommen, stehen meine Kind-
heitserinnerungen unter dem Einfluß des Ersten Weltkrieges. Ich war hineingeboren in eine aufgewühlte Welt:
Armut herrschte, und alle waren betroffen, ausgenommen
Spekulanten und Glücksritter, deren Sterne bald verglüht
waren – eine kleine unbedeutende Clique. Ausgenommen
waren auch die Glücklichen, die, finanziell genügend gesi-
chert, sich über Wasser halten konnten oder gar diejenigen,
die am Krieg verdienten. Zu all diesen Ausnahmen zählte
meine Familie nicht.

Hart betroffen war die Bevölkerung im Odenwald. Wa-
ren dort die kleinen Bauern, bedingt durch die geologische
Struktur, schon von Natur aus an harte Arbeit und kleinen
Verdienst gewöhnt, so tat der Krieg ein übriges. Die wei-
chenden männlichen Erben fanden, wenn sie Glück hatten,
Arbeit in der Industrie im Raum Mannheim oder Ludwigs-
hafen. Ich sehe heute noch die Fahrradschlange der am
Abend vom Bensheimer Bahnhof in Richtung Odenwald
heimradelnden Arbeiter vor mir. Am Bahnhof waren die
Räder irgendwo abgestellt. Die Hinfahrt zum Bahnhof zwischen vier und fünf Uhr morgens hatte ich selbstverständlich nicht wahrgenommen. Damals hatte die Woche sechs

volle Arbeitstage mit täglich acht Arbeitsstunden, nicht eingerechnet Hin- und Rückfahrt, bei Löhnen, die der erbrachten Arbeitsleistung Hohn sprachen.

Meine Familie gehörte durch die Kriegsabwesenheit des Vaters auf ihre Weise zu den hart Betroffenen. Mutter mußte mit uns vier Kleinen die täglichen Gegebenheiten ohne männlichen Beistand knapp sieben Jahre lang bestehen. Verzicht zu leisten und Entbehrung zu ertragen wurde für mich mit meinen Geschwistern von Jugend an zur Selbstverständlichkeit. Diese Einengungen betrafen nicht nur Annehmlichkeiten und Komfort, die heute für jedermann selbstverständlich sind, sondern auch primitive Lebensbedürfnisse. So war es für uns nicht ungewöhnlich, in den Jahren 1917/18 monatelang auf Fleisch, Butter, genügend Milch, Obst verzichten zu müssen, uns bei Brot und Kartoffeln mit Kleinstrationen zu begnügen und ständig von Hunger geplagt zu sein. Meine damals aufgetretene Rachitis war eine Folge dieser Lebensumstände.

Folgendes Ereignis soll wegen seiner persönlichen Bedeutung im ganzen Zusammenhang aus meiner Erinnerung hervorgeholt werden: Im Gegensatz zu meiner Mutter, an die mich endlose Erinnerungen und Empfindungen unbewußter Art binden, habe ich meinen Vater erst zu einem bestimmten Zeitpunkt bewußt kennengelernt. Das war bei seiner lang ersehnten Rückkehr aus sibirischer Gefangenschaft am

21. April 1921. Damals war ich knapp acht Jahre alt, meine Geschwister elf, zehn und sieben Jahre. Um diese Rückkehr hat meine Mutter mit uns vier Kindern täglich gebetet.

Mein Vater war bereits am ersten Mobilmachungstag, dem 1. August 1914, mit seiner Einheit in Richtung Osten in Marsch gesetzt worden. An die amtliche Benachrichtigung, wonach er bei einem Sturmangriff in den Karpaten gefallen sei, hat meine Mutter nie geglaubt. Immer, wenn das Gespräch darauf kam, sagte sie hoffnungsvoll: »Ich spüre es, Vater lebt.«

Nach einem bangen Jahr ohne jede Nachricht kam dann über das Deutsche Rote Kreuz aus dem Kriegsgefangenenlager in Chabarowsk eine Feldpostkarte mit der Handschrift meines Vaters. Er schrieb, daß er seine Verwundung, einen Lungendurchschuß, gut überstanden habe und soweit wohlauf sei. Gebet und Gottvertrauen hatten über das oft zitierte menschliche Ermessen gesiegt.

Die deutschen Kriegsgefangenen in Rußland, die, wie mein Vater, bis zur Oktober-Revolution 1918 noch nicht entlassen waren, wurden während der damals herrschenden Kämpfe zwischen Weiß- und Rotgardisten zurückgehalten. Bis auch für sie der Krieg zu Ende war, sollte es noch ein paar Jahre dauern. Mein Vater hat diese Zeit in mehreren Gefangenenlagern zugebracht.

Ich erinnere mich gut an die Rückkehr deutscher Soldaten bei Kriegsende 1918. Geordnet in Reih und Glied, zogen sie an unserem Haus in der Rodensteinstraße vorbei. Vom Erker aus winkten wir Kinder ihnen mit schwarz-weiß-roten Papierfähnchen zu. Mutter vertröstete uns, wenn wir fragten, warum denn Vater noch immer nicht dabei sei. »Der kommt auch bald nach Hause«, sagte sie, »es dauert nicht mehr lange.«

Eine Einheit dieser in die Heimat zurückkehrenden Soldaten hatte im Hof unseres Hauses ein kleines Lager aufgeschlagen und dafür die sogenannte Remise, die aus einem Kutscherstübchen, einem Pferdestall und einem Raum für den Wagen bestand, in Beschlag genommen. In der Kutscherstube hatten sich zwei Soldaten niedergelassen. Im mittleren, größeren Raum war der Pferdewagen eingestellt, und im Stall waren zwei Pferde untergebracht. Ich erinnere mich noch an die tiefe Befriedigung, die ich darüber empfand, daß die beiden Pferde nach dem langen Marsch aus Feindesland jetzt ein trockenes und warmes »Zuhause« hatten. Im offenen Hof war die »Gulaschkanone« aufgebaut. Zweimal am Tag wurde ein großer Kessel heißer, kräftiger Suppe gekocht, in der auch Fleisch zu finden war. Die Soldaten ließen uns Kinder und die Nachbarskinder nicht nur zusehen, sie ließen uns auch mitessen. Nach den langen Hungermonaten waren die Mahlzeiten mit den Soldaten für uns wahre Festessen.

Ich hatte ein zwiespältiges Gefühl bei dieser Idylle. Einerseits war mir klargeworden, daß der Krieg vorbei war, andererseits empfand ich mit meinen Geschwistern als Kriegszustand, daß Vater nach wie vor festgehalten wurde. Immer wieder hieß es, daß er zum jeweils genannten Termin käme – und immer wieder wurden wir enttäuscht, weil sich die russische Seite nicht an die Vereinbarungen hielt. Schließlich aber wurde uns amtlich mitgeteilt, daß er am 21. April 1921 heimkehren werde.

Es war ein bedeutender Tag, der meine Geschwister und mich in große Aufregung versetzte. Bereits einige Tage zuvor waren zwei Brüder meiner Mutter mit ihren Frauen und Mutters ältere Schwester, Tante Elisabeth, mit zwei Autos zu uns nach Bensheim gekommen. Tante Elisabeth sollte bei uns Kindern bleiben, wenn Mutter mit ihren Brüdern und ihren Schwägerinnen losfuhr, um Vater abzuholen.

Zwischen Mutter und uns Kindern gab es einen herzlichen Abschied, der nicht wehmütig, sondern freudig gestimmt war. Die kurze Trennung bedeutete ja die Einleitung für die Heimkehr des Vaters. Ich dachte daran, daß das nächste Zusammentreffen mit Mutter ganz anders als bisher ausfallen würde.

Wir winkten vom Erker aus den beiden abfahrenden Automobilen nach. Dabei überkam mich ein eigenartiges Gefühl, eine Mischung aus Freude und Furcht. Zum einen freute ich mich, daß Vater wieder bei uns sein sollte, zum anderen wußte ich nicht, wie sich seine ständige Anwesenheit auswirken würde. Er war mir fremd, ich hatte ihn bewußt noch nie erlebt. Ob er wirklich so war, wie Mutter ihn immer geschildert hatte? Ob er noch so aussah wie auf den Fotografien? Ich war acht Jahre alt und sah der Rückkehr des unbekannten Vaters mit einer gewissen Skepsis entgegen.

Die Unsicherheit war so groß, daß sie mir auf den Magen schlug. Von dem Moment an, als Mutter abgefahren war, bis zu dem Augenblick, da alle wieder da waren, vermochte ich kaum einen Bissen zu essen, obwohl ich sonst immer einen ausgezeichneten Appetit hatte. Tante Elisabeth spendete Zuspruch, konnte aber nicht viel ausrichten.

Sie zeigte uns Kindern im Atlas den langen Weg, zu Land und zur See, den Vater von Wladiwostok in Sibirien bis zum Adriahafen Triest zurückgelegt hatte. Erst im Hafen von Triest war für ihn und die anderen, die zu diesem letzten Kriegsgefangenentransport des Ersten Weltkrieges gehörten, der Krieg wirklich zu Ende.

Wie wir erfuhren, wurden die Männer nach ärztlicher Behandlung und entsprechenden Schutzmaßnahmen gegen ansteckende Krankheiten schließlich nach Deutschland, ins Lager Lechfeld bei Augsburg, verlegt. Von dort holte Mutter ihn ab. Später erzählte sie uns, daß Vater bei ihrer Ankunft endlich seine Gefangenenkluft ausziehen konnte. Meine beiden Onkel hatten ihn von Kopf bis Fuß neu eingekleidet. Auf seinen besonderen Wunsch führte die Heimreise durch den Odenwald.

Der ungefähre Zeitpunkt ihrer Ankunft war Tante Elisabeth – wie im einzelnen, weiß ich heute nicht mehr – mitgeteilt worden. In der Stadt mußte es sich auch herumgesprochen haben. Schon Stunden vorher sammelte sich vor unserem Haus eine große Menschenmenge, die bis zum Ritterplatz reichte.

Tante Elisabeth und wir vier standen im Erker, von wo aus wir einen guten Blick in die Schönberger Straße bis zur Kurve bei den »Englischen Fräulein« hatten. Als plötzlich in der Menge eine gewisse Unruhe entstand, wußten wir, daß sie kamen.

Und dann sahen wir sie.

Beide Automobile – in ganz Bensheim gab es seinerzeit lediglich drei oder vier – fuhren langsam auf unser Haus zu und hielten an. In dem zweiten Auto saßen Mutter und Vater. Da stand er nun, stattlich, braungebrannt, ein gut aussehender Mann mit dichten schwarzen Haaren und einem ebenso kräftigen Bart – mein Vater. Wir rannten hinunter, kamen aber nicht mehr auf die Straße, da Vater und Mutter schon ins Haus drängten. Das machte Mühe, weil viele Menschen auf der Straße Vater unbedingt die Hand schütteln und ihn beglückwünschen wollten. Ich spürte es, daß mein Vater jetzt uns, seinen vier Kindern, ganz allein gehören wollte. Es war eine herzlich-ausgelassene Begrüßung. Bei aller Freude über den so lange ersehnten »Besitz« meines Vaters hat es bei mir doch noch einige Zeit gedauert, bis ich ihn auch als meinen Vater empfinden konnte.

Mit ihm war der letzte Bensheimer Kriegsgefangene nach Hause gekommen, dieser nie vergessene 21. April 1921 endete mit einem großen Fackelzug, den Bensheimer Vereine meinem Vater zu Ehren am späten Abend veranstalteten. Jemand auf der Straße wandte sich mit einer Rede an meinen Vater, der dann vom Erker aus mit bewegten Worten und mit Tränen in den Augen dankte. Ob ich in der folgenden Nacht gut geschlafen habe oder vor Aufregung gar keinen Schlaf fand, weiß ich heute nicht mehr. Im Gedächtnis geblieben ist mir aber das gemeinsam mit Eltern und Geschwistern gesprochene Abend- und Dankgebet.

*

Mit dem 21. April 1921 war nun auch für uns der Erste Weltkrieg beendet, seine Folgen noch lange nicht. Vater, Freiberufler, hatte während der sieben Kriegsjahre keinerlei Einkünfte außer seinem Sold, der Familienmitglieder nicht oder kaum mit berücksichtigte. So hatten wir während dieser sieben Jahre von Mutters ererbtem Vermögen gelebt, solange und soweit dies nicht kriegsbedingt entwertet war. Die letzten Kriegsjahre lebten wir ausschließlich von der Unterstützung der Mainzer Onkel, wobei sich mein Patenonkel Johannes Gerster mir gegenüber mit Zuwendungen jeglicher Art, besonders am gemeinsamen Namenstag, großherzig zeigte. Nun bestritten die Onkel die dringend anstehende Genesungskur von Vater zur Behebung der Folgen des Lungendurchschusses in einem Sanatorium in der Schweiz.

Gestärkt aus der Kur zurückgekehrt, wurde die Kanzlei wieder eingerichtet, im wesentlichen unter Mutters Anleitung. Sie legte das Prozessregister an, stellte das Inventar zusammen, so wie sie auch die Mitarbeiter einstellte und in ihre Arbeit einwies. Woher sie die Fähigkeiten hierzu hatte, weiß ich nicht. Daneben verstand sie es, Vater und uns vier Kindern ein harmonisches Familienleben zu bescheren und Vater von vielen formalen Verrichtungen im Büro durch eigenen Einsatz freizuhalten. Dieser benötigte seine ganze geistige Kraft, der völlig neuen Gesetzessituation Herr zu werden, um überhaupt seinen Anwaltsberuf ausüben zu können. Seine nach vielen Jahren wiederaufgenommene Berufstätigkeit befriedigte ihn und machte ihn glücklich, was wir Kinder in vielerlei Weise spürten.

Wir erlebten einen Vater, der Geld verdiente. Mit einem Mal hatte ich das Gefühl, einem ganz anderen gesellschaftlichen Milieu anzugehören. Gleichzeitig erlebte ich mit meinen Geschwistern, daß Geld keinen Wert an sich darstellt, denn, wie es verdient wurde, mußte es so schnell wie möglich in Ware umgesetzt werden. Es verlor nämlich von einem auf den anderen Tag immer mehr an Wert. So wurden wir Kinder in diesen Tagen täglich zum Bäcker in unserer Nähe geschickt, um einen Laib Brot zu erstehen, der tags darauf das Zehnfache kostete.

Zu Ende des Jahres 1923 hatte die Inflation ihren Höhepunkt erreicht. Nach der letzten Anhebung des Dollarkurses entsprach ein Dollar 4,2 Billionen Mark. Auf dieser Dollarkursbasis tauschte die Reichsbank Rentenbankscheine gegen Reichsbanknoten im Verhältnis 1 Rentenmark = 1 Billion Mark ein.

In dieser Zeit wurde die Arbeit meines Vaters jäh unterbrochen. Sanitätsrat Dr. Wiegand, unser alter Hausarzt, der Mutter und uns vier Kinder während der Kriegsjahre betreut hatte, kam jetzt täglich ins Haus. Vater lag schweißgebadet im Bett, er schüttelte sich in hohem Fieber. Der Arzt verabreichte täglich Chinin gegen Malaria. Ein ärztliches Honorar wurde nie gestellt. Die teuren Medikamente mußten von den Eltern bezahlt werden. Jahrelange Bemühungen bei der Behörde um Ersatz endeten nach Jahren mit der Bewilligung zu einem praktisch auf Null geschrumpften Kurs.

Vater, von Natur gesund, hat diese wechselseitig gesundheitlichen wie finanziellen Miseren, nicht ohne Mutters geduldig aufbauende Pflege, gut überstanden. Zustatten kam hierbei ihr unverwüstlicher Mainzer Humor, der gerade in schlechten, ausweglos erscheinenden Situationen als Deus ex machina hereinbrach. Ihr Namens- und Schutzpatron, der heilige Antonius, dem sie während ihres langen Lebens ihre tiefe Verehrung durch Gebet und in anderer Weise entgegenbrachte, hat sie in schweren Stunden durch seinen offensichtlichen Beistand belohnt. Mutter wie Vater waren keine Frömmler. Sie verabscheuten alles Getue. Mit Leuten, die nur fleißige Kirchgänger waren, denen jedoch jedes Gefühl und gegebenenfalls Einsatz für den Mitmenschen fremd blieb, hatten sie nichts im Sinn. Sie stellten sich ihren vom Schicksal gegebenen Aufgaben ebenso wie sie das Schöne, das das Leben ihnen schenkte, ganz und in Freude annahmen und diese Freude an uns Kinder weitergaben.

Unser Leben begann »normal« zu werden, wobei ich mir der Relativität dieses Begriffes im Vergleich jener Jahre mit heute bewußt bin. Vater war als Mittvierziger im besten Mannesalter und fühlte sich kerngesund. Die Anwaltskanzlei lief ausgesprochen gut. Der damalige hessische Justizminister von Brentano bestellte ihn bald zum Notar, was eine wesentliche wirtschaftliche Verbesserung bedeutete.

Der Minister wollte mit dieser Bestellung weniger einer bürokratischen Notwendigkeit nachkommen, als vielmehr offensichtlich einen anstehenden Ausgleich schaffen für meinen vom Schicksal bisher hart betroffenen Vater mit Familie.

Dringend notwendige Anschaffungen im Büro und auch im Haushalt konnten nun gemacht werden. So brachte eine in natura bezahlte Gebührenrechnung, ein Drei-Zentner-Schwein, mit einem Schlag nie gekannten Wohlstand in die Familie. Was dies für uns damals bedeutete, ist heute kaum verständlich zu machen. Die notwendigen Lebensmittel füllten jetzt die Speisekammer, was mit Dank und Freude angenommen wurde.

Eine kostspielige Anschaffung war das »Wanderer«-Fahrrad für Vater. Es war notwendig geworden zur Versorgung seiner im vorderen Odenwald ansässigen Klientel. An festen Termintagen radelte er nach Lindenfels, wo Beurkundungen von Grundstücksgeschäften und Beratungen auf der Bürgermeisterei stattfanden. Von den mit der Überwindung von über dreihundert Metern Höhenunterschied verbundenen Strapazen dorthin hat Vater nicht gesprochen. Seine Begeisterung bei der Rückfahrt hat die Beschwernisse der Hinfahrt vergessen lassen. Vater hatte mittlerweile eine feste Klientel aus dem heutigen Großraum Bensheim, dem vorderen Odenwald und Ried. Einige Prominente zählten dazu, wie das damals noch in Blüte stehende Fürstenhaus zu Erbach-Schönberg, der Ritter von Marx auf seinem Schloß Falkenhof in der Nibelungenstraße sowie Freiherr Wambolt von Umstadt in Birkenau. Eine von Vater besonders geschätzte Eigenschaft, die ihm selbst eigen war, verband die drei Genannten: Minuten vor dem angesetzten Termin fuhr das von einem livrierten Chauffeur gesteuerte Automobil des Herrn von Marx – ein bildschöner Oldtimer, aus heutiger Sicht – am Büro vor, um den Notar zur Besprechung auf dem »Falkenhof« abzuholen. Auf die Minute genau kam Baron Wambolt von Umstadt zum Termin, wie ebenso pünktlich Fürst Erbach-Schönberg seine Termine im Büro wahrnahm.

Es kam auch vor, daß ein Mandant außerhalb der Bürozeit in die Wohnung, die über dem Büro war, hineinplatzte, um anwaltlichen Rat zu holen. So war Familie Blechner an einem Sonntagvormittag gerade dabei, das Haus zum Gottesdienst zu verlassen, als ein Bauer aus Schlierbach vor uns stand, um eine Gebührenrechnung zu bezahlen, wie er sagte. Auf die Bemerkung meines Vaters, dies sei doch nicht so eilig, daß er am Sonntagmorgen käme, bemerkte er treuherzig, bei dieser Gelegenheit hätte er gerne einmal in aller Ruhe seine bevorstehenden Erbrechtsverhältnisse mit Vater besprochen, was aus Termingründen unsererseits dann verschoben wurde.

Das im Jahre 1892/93 erbaute Elternhaus genügte den mittlerweile eingetretenen Bedürfnissen nicht mehr. So war ein Anbau notwendig geworden. Der Speichertrakt – bis dahin genutzt als Schlafstatt der sechsköpfigen Familie, ohne Wärmequelle, im Sommer oft unerträglich heiß, im Winter kalt, bei Frost waren die Fenster mit sogenannten Eisblumen geziert – wurde angehoben und mit Wärme- und Wasserspendern versehen. Die im ganzen Haus geschaffene Umstellung von Gasbeleuchtung auf Elektrolicht empfand ich damals nicht nur als zivilisatorischen Fortschritt, sondern weit mehr als kulturellen Akt. An die Stelle der »Gasstrümpfchen«, ständig verrußt und erneuerungsbedürftig, mit ständig wechselnder Lichtqualität, trat nun ein leichter Fingerdruck auf den Knipser ... und es ward Licht. Durch Erweiterung des Parterre-Stocks wurde ein übersichtliches, zweckdienliches Büro geschaffen. Anstelle des einen gemeinsamen Eingangs zu Büro und Wohnung entstanden zwei. Der Umbau war nach zwei Jahren Bauzeit im Spätherbst 1929 beendet. Die Trennung von Büro und Wohnung brachte mehr Übersicht, Ordnung und damit Ruhe, was sich auf den Lebensrhythmus der großen Familie entsprechend günstig auswirkte.

Die durch den Bau bedingten Schulden verlangten nach wie vor Sparsamkeit und Verzicht auf viele Dinge, die anderen selbstverständlich zustanden. Zu unseren Selbstverständlichkeiten gehörte es immer noch, daß meine jüngere Schwester und ich, der jüngere Bruder, die ausgewachsenen Kleidungsstücke der beiden älteren Geschwister übernahmen. Diese Einschränkungen empfand ich mit meinen Geschwistern als notwendig, und wir fügten uns einfach. Heute weiß ich, daß Einschränkungen etwas bewirken, was den meisten Jugendlichen heute völlig abgeht: Die Spannung, die in dem Sehnen nach Unerreichbarem liegt. Wenn dann das Ersehnte als Geschenk zufällt, entsteht eine Freude, die demjenigen versagt ist, dem jeder Wunsch spannungslos Wirklichkeit wird. So waren die Weihnachtsbescherungen jedes Jahr voller Überraschung, weil die Gaben stets unseren geheimen Wünschen genau entsprachen. Mutter wußte immer um diese geheimen Wünsche ihrer Kinder. So bekam Fritz, der Älteste, der »Techniker«, etwas in dieser Richtung, ich bekam einen Kanarienvogel in einem herrlichen großen Käfig. Entsprechendes bekamen die Schwestern. Wir vier waren glücklich und restlos zufrieden.

*

Die Schuljahre in der Volksschule 1920–24 verliefen normal. Beneidet habe ich oft die Schulkameraden aus der Landwirtschaft mit ihren gut belegten Schulbroten. Oft hat mir einer von ihnen einen Weck mit einem Stück Wurst darauf zugesteckt. Der Neid war dann vergessen. Mein guter Lehrer – späterer Schulrat Knapp – brachte uns mit Strenge und Unnachgiebigkeit, mit Liebe und viel Geduld das erste Grundwissen bei. Neben den reinen Fächern erfuhren wir – ergänzend zu den elterlichen Erfahrungen –, daß es »ohne Fleiß keinen Preis« und einen unbegreiflichen, liebenden Gott gibt, dessen Gebote wir zu halten haben.

Auf dem humanistischen Gymnasium hatte ich bis zur Untertertia Schwierigkeiten. Bei meinen vielerlei Interessen – ich hatte Bardo, meinen Schäferhund, mit entsprechendem Zeitaufwand zu betreuen, daneben mein Aquarium mit allen möglichen Kleinfischen, andererseits begeisterte mich Wagners LOHENGRIN mit der Grals-Erzählung, damals herrlich dargeboten von Louis Graveur, dem strahlenden heldisch-lyrischen Tenor, und überhaupt die Opernmusik – kam unvermeidlich die Schule zu kurz. Bis zur Quarta war ich ein mäßiger Schüler. In der Oberstufe wurde das wesentlich besser. Ich lernte die Freizeit von der notwendig bemessenen Zeit für die Schule zu trennen, der Blick für das Wesentliche wurde geschärft. Da ich im Blick auf Vater an meinen künftigen Beruf gehobene Ansprüche stellte, begann ich mit gebotenem Fleiß zu arbeiten. Es lohnte sich. Ich machte ein gutes Maturum, Deutsch und Griechisch waren meine Lieblingsfächer.

Mein verehrter Griechischlehrer Dr. Kling hatte die besondere Gabe, unsere geistigen Anstrengungen, die Grammatik und die Übersicht über die – durch Relativsätze und Parenthesen verschachtelten – Hauptsätze erforderten, zu belohnen durch plötzliches Abweichen in die griechische Mythologie und deren klassische Gedankenwelt.

Drei Begriffe sind bei mir hängengeblieben und haben mich zeitlebens beschäftigt und in schweren Stunden aufgerichtet: *kalos, kalä, kalon* = schön, in der Bedeutung von edel gesinnt; *to metron* = das Maß, das sich geistig in der rhythmischen Sprache und gegenständlich in der ausgewogenen Architektur ausdrückt; schließlich *he harmoneia* = erstrebenswerter Zustand der Übereinstimmung von Körper, Geist und Seele.

Meinen Lehrern Knapp, aus der Volksschule, Dr. Kling, Dr. Bensel, Dr. Kozelka, Studienrat Zwissler und meinem Religionslehrer Professor Goehle blieb ich bis zu deren Tod in Verehrung und Dankbarkeit verbunden. Kling, Kozelka, Bensel und Knapp wurden alle über neunzig Jahre alt. Mit Professor Goehle blieb der Kontakt auch während meiner Kriegszeit in Rußland durch Feldpostbriefe gewahrt. Einer seiner witzigen Aussprüche war: »Die Dummheit ist auch eine Gabe Gottes, aber wehe dem, der verschwenderisch mit ihr umgeht.« Das war mehr als ein witziger Gag. In späteren Jahren, bei einer Scholaren-Jubiläumsfeier, nannte Dr.

Benzel, selbst ein Mann von umfassender Bildung, in seiner Laudatio Professor Goehle einen »Menschen von hohem Geist und kindlicher Seele«.

*

Mit der Reifeprüfung am humanistischen Gymnasium zu Bensheim im Februar 1933 war für mich ein Lebensabschnitt beendet. Zum Verständnis für meinen weiteren Lebensweg ist eine Rückschau geboten: Bis dahin war mein Erlebensraum nach heutigem Maß eng begrenzt. So entging ich einer Verflachung, die die heutige geographische Weitläufigkeit notwendig mit sich bringt. Mit dem Fahrrad, lang ersehntes Patengeschenk, habe ich meine engere Heimat buchstäblich er-fahren. So lernte ich den vorderen Odenwald kennen, mit seinen fränkischen Hofreiten inmitten von Mischwäldern und Wiesen, mit seiner schlichten, arbeitsamen Bevölkerung, wie auch die Rheingegend im Abschnitt Mainz-Gernsheim. Ich erinnere mich deutlich an die gemeinsame Radtour mit Jugendfreund Fritz Lautenschläger zum Bodensee, wo wir in Friedrichshafen den Zeppelin von innen und außen besichtigten, ein außergewöhnliches Ereignis für uns damals. Die meisten Radtouren, oft vom älteren Bruder zusammengestellt und angeführt, meist zusammen mit gemeinsamen Freunden, hinterließen größere

Eindrücke und bewegten mehr als Flugreisen in alle Welt, wie sie heute gang und gäbe sind.

Großmutter Gersters alljährlich gefeierter Geburtstag in Mainz mit ihren sieben Kindern, deren Ehegatten und ihren 21 Enkeln – ausgerichtet im Wechsel vom Ältesten, meinem Paten, und dem Jüngeren, Onkel Theo – waren immer Höhepunkte im Jahresablauf. Auf die Oster- und Herbstferien in Mainz hei meinem Patenonkel freute ich mich das ganze Jahr über. Die herzensgute Tante Selma hatte immer etwas Besonderes für mich, Süßigkeiten oder etwas zum Anziehen. Als ich älter war, kam ein stillschweigend zugesteckter Geldschein immer zum rechten Zeitpunkt. Begeisternd waren die Autotouren in den Rheingau.

*

Ein besonderer Anziehungspunkt war für mich immer die Ingelheimer Au, wo auf einem großen Areal die von Großvater Gerster gegründete Fabrik »G. A. Gerster, Holzbearbeitungswerke« stand. In den großen Hallen war durch den Lärm der ständig laufenden Sägemaschinen eine Verständigung mit meinem Vetter nur durch lautes Brüllen möglich, was mich faszinierte und deshalb zu ständiger Unterhaltung meinerseits veranlaßte. Zum Betrieb gehörte der fabrikeigene Floßhafen, wo Holzstämme aus Holland in gebundenen

Flößen im Wasser lagerten. Trotz natürlich strengen Verbots der Onkel, die Flöße zu betreten, taten wir dies heimlich immer wieder mit verständlicher Begeisterung, denn auf dem Floß stehend waren wir nur vom Wasser umgeben.

Einmal geschah es dann: Dem Floß, auf dem wir standen, fehlte in der Mitte ein Stamm, und dort rutschte ich bis zum Hals ins Wasser hinein. Die Aufmerksamkeit eines routinierten Arbeiters, der das Ganze beobachtet hatte, rettete mich aus der lebensbedrohenden Situation. Er war herbeigeeilt, legte sich auf den Bauch und zog mich mit seinen kräftigen Armen an meinen Händen, die sich an einem Holzstamm klammerten, aus dem Wasser.

Herr Matten, der Chauffeur meiner Onkel, brachte mich, in Decken gehüllt, mit Vetter Hans zurück in die Hafenstraße, wo ich unter Tante Selmas energischer Kontrolle zwei Tage im Bett bleiben mußte – es war damals kalter Herbst. Dann war alles gut überstanden. Ab sofort haben Vetter Hans und ich den Floßhafen nur noch von oben betrachtet.

Die Einkaufsbummel im Herzen von Mainz mit Tante Selma, Vetter Hans und Cousine Maja hatten für mich damals großbürgerlichen Anstrich. Die elektrische Straßenbahn führte uns dorthin über die vom Schaffner aufgerufenen Stationen Reimundistraße, Bauhofstraße, Große Bleiche, Schusterstraße, Höfchen und Flachsmarkt, die mir noch deutlich im Gedächtnis sind. Im Café Janson gab es dann zur Sommerzeit ein Eis und im Winter Torte mit heißer Schokolade. Der Stadtbummel wurde immer abgeschlossen mit einem stillen Gebet in St. Quintin oder bei den Karmelitern.

Wir Blechner-Enkel hatten unseren Großvater nicht in Erinnerung, er war im August 1914 – zwei Tage bevor Vater in den Krieg zog – gestorben, wie wir jüngeren Enkel auch unseren Großvater Gerster nicht mehr erlebt hatten. Dessen zwei unverheiratete Schwestern, die beide sehr alt wurden, habe ich noch gut in Erinnerung. Sie wohnten in der Birnbaumgasse in Mainz, waren beide sehr lieb und ebenso schrullig. Bei meinen Besuchen in Mainz war dann auch immer ein Besuch bei den »Birnbaumgässer Tantchen« fällig. Beide waren stets an Besuch interessiert, weil sie dann Neuigkeiten erfuhren, auf die sie sehr erpicht waren.

Einmal jedoch kam ein Besucher den beiden Tanten ausgesprochen ungelegen. Das war an einem ersten Weihnachtsfeiertag. Beide waren gerade aus dem Hochamt im Dom zurückgekommen. Mit einer gut gekühlten Flasche Sekt gedachten sie, den weltlichen Teil des Feiertags genüßlich einzuleiten. Das Drahtgeflecht am Korken war gerade gelockert worden, als es an der Tür klopfte. Die Flasche wurde flugs im Schrank versteckt.

Auf das »Herein« von innen trat von außen der Besucher ein mit allen guten Weihnachtswünschen auf den Lippen.

Kaum hatte er Platz genommen, da knallte es im Schrank. Der Eingetretene erkannte sogleich den Zusammenhang zwischen dem Knall im Schrank und den zwei leeren Sektgläsern auf dem Tisch, weshalb er unversehens sich erhob und ging, mit nochmaligem, eindringlichem Wunsch für ein frohes Fest. Dieser Wunsch konnte dann auch ohne weitere Umstände vollzogen werden, denn die Flasche war ja mittlerweile entkorkt und brauchte nur noch aus dem Versteck geholt zu werden.

Zweimal am Tag war die Familie Gerster/Falk gemeinsam zu den Mahlzeiten um den großen Familientisch versammelt. Am Kopfende saß Onkel Johannes. Es folgten Tante Selma, deren im Haus in der oberen Etage wohnende Eltern – die guten Großeltern Falk –, denen sich Cousine Eva, die Älteste, Vetter Gabriel, Maja, Hans und ich, der kleine Besucher, anschlossen. Bei diesen Zusammenkünften wurde viel gelacht, wobei man sich ständig gegenseitig auf die Schippe nahm.

Umgekehrt waren die Besuche der Gersters bei uns in Bensheim für mich mit meinen Geschwistern immer Ereignisse voller Seligkeit, wenn wir mit unseren Vettern und Cousinen zusammentrafen. Da kam der Mainzer Humor so recht zum Tragen, die Onkel Theo und Friedel waren hierbei unschlagbar.

Wir Neffen und Nichten blieben in stetem Kontakt bis

ins Alter, bis heute. Der Familiensinn war bei den Gersters stark ausgeprägt. Das Familienband war Gottgläubigkeit, die im uns allen gemeinsamen Humor besten Ausdruck fand. Der einzelne nahm sich nicht allzu wichtig, das Wir-Gefühl war beherrschend. Wer in Not war, dem wurde geholfen, stillschweigend und selbstverständlich. Großmutter Blechners Geburtstage in Bensheim mit ihren vier Kindern, deren Ehehälften und ihren zehn Enkeln waren nicht so aufwendig wie die in Mainz, aber nicht minder festlich und eindrucksvoll. Sie waren durch die schweren Kriegsjahre meines Vaters mitgeprägt. Großmutter Blechner hatte eine besondere Gabe, uns vier ganz Kleinen in der Zeit von Vaters Gefangenschaft mit Märchen und Erzählungen zu fesseln. Onkel Franz Blechner, Jurist und mit jungen Jahren schon Chef einer Behörde in Essen, erzählte uns Kindern von seinen offiziellen Einladungen als Behördenleiter im Hause Krupp in der Villa Hügel. Alljährlich im Herbst waren dort Behördenleiter, also auch Onkel Franz, und Wirtschaftsführer zu einem abendlichen Festmahl geladen, in dessen Verlauf sich am späten Abend vor Mitternacht ein uniformierter Angestellter des Hauses von Gast zu Gast bewegte und diesem zuflüsterte, daß der Wagen zur Heimfahrt vorgefahren sei.

*

Eines Abends kam Vater vom Büro nach oben in die Wohnung, er sprach lachend von einem Schwindler, der ihm soeben einen Apparat aufschwätzen wollte, bei dem man ohne Drahtverbindung von weither einen Redner, ja sogar ein ganzes Sinfoniekonzert hören könne, wie gesagt drahtlos. Bruder Fritz widersprach der Darstellung »Schwindler«. Er selbst arbeite seit geraumer Zeit an einem sogenannten Radio-Gerät. Ihm fehle nur noch das Geld zur Montage einer sogenannten Antenne auf dem Dach. Vater zahlte, Fritz baute mit Freund Detlev die Antenne auf das Dach. Dann setzte er Vater einen Kopfhörer auf, drehte an einem Knopf des Gerätes, und Vater hörte begeistert und sprachlos Musik. Mit einem Mal war das Geheimnis der monatelangen stillen Tätigkeiten meines Bruders in seiner immer abgeschlossenen Werkstatt auf dem Dachboden gelüftet.

Mit diesem von Fritz selbst gebastelten Radioapparat hatten wir auf unsere Weise besonderen Spaß. Wie immer hörte nach dem Mittagessen die Familie angespannt die Nachrichten, die begannen mit: »Hier Frankfurt am Main und Kassel. Sie hören Nachrichten.« Am Ende dieser Nachrichten war zu hören, daß die Anwalts- und Notariatsgebühren ab sofort um 50 Prozent ihrer Ansätze gesenkt würden. Diese Maßnahme erfordere unsere Volksgemeinschaft, zu der jeder Volksgenosse seinen Beitrag leisten müsse.

Die Fassungslosigkeit des Vaters über diese letzte Nachricht dauerte gottlob nicht lange. Fritz hatte im oberen Stock ein Mikrofon mit einer technischen Verbindung zum Lautsprecher unten geschaffen. Oben sprach er vom Blatt die neuesten, ihm bekannten amtlichen Nachrichten, denen er dann die auf Vater gemünzten anschloß. Die Wirkung war nicht ausgeblieben. Solche Radiosendungen fanden vornehmlich statt, wenn liebe Besucher da waren, die dann die Betroffenen immer wieder neuer haarsträubender Nachrichten waren. Die gewünschte Verwirrung war eingetreten, und wir vier Geschwister hatten unseren Spaß. Fritz hatte als »Radiosprecher« mittlerweile eine solche Perfektion erreicht, daß nie irgendwelche Zweifel an der Echtheit der Nachrichten aufkamen.

Meine ältere Schwester Annemarie glänzte mit guten Noten bei den »Englischen Fräulein«. Bei einer Schüleraufführung spielte sie in der biblischen Tragödie ESTHER von Racine die Hauptrolle, und zwar in französischer Sprache. Ina hatte einen großen Freundeskreis gleichaltriger Mädchen. Beide Schwestern machten, wie das damals üblich war, schöne Handarbeiten nach Großmutter Gersters Vorbild. Zu Weihnachten lag dann meist für uns Brüder etwas Gestricktes der Schwestern auf dem Gabentisch. Besonders gelungen waren zwei weiße Tennispullover mit schmaler schwarzer Umrandung, die wir beide jahrelang getragen haben. Mit den Geschenken für meine Schwestern und den Bruder hatte ich jedes Jahr meine Schwierigkeiten, das Rechte zu treffen. Nicht so Fritz – der hatte eine geschickte Hand bei der Auswahl.

Weihnachten wurde groß gefeiert. Heiligabend im engen Familienkreis, eingeleitet durch feinsinnige Worte des Vaters, dann kamen die Weihnachtslieder mit Mutter am Klavier, schließlich die Bescherung. Der erste Feiertag begann entweder mit der gemeinsamen Feier der Christmette oder dem Hochamt. Es folgte das Festessen im Kreis von Großmutter Blechner, Tante und Onkel, ab und zu auch mit Großmutter Gerster.

*

Uns Geschwistern gemeinsam war die Freude am Sport, am Tennis besonders. Von Mutter kam der Impuls. Sie hatte mit ihrem Bruder Josef im vergangenen Jahrhundert bereits Tennis gespielt. Uns Kindern spannte sie im Hof ein Netz auf, jeder bekam einen kleinen Schläger. Der Rhythmus des geschlagenen Balles übers Netz mit dem eigenen Körperrhythmus zum aufspringenden Ball, der dann übers Netz zurückspringen mußte, begeisterte mich. Wir vier spielten gutes Tennis, Annemarie und ich noch sehr lange mit gleichbleibender Begeisterung.

Fritz und Annemarie absolvierten mit 17 beziehungsweise 18 Jahren die Tanzstunde, wie Ina und ich zwei Jahre später unseren Schlußball feierten. Im Auftrag der Schüler mußte ich offiziell die Eltern begrüßen und dem Tanzlehrer danken. Beim letzten gesprochenen Wort war ich erleichtert. Es war die erste Rede meines Lebens. Wir vier nahmen nun auch an den Veranstaltungen unserer Casino-Gesellschaft teil, deren letzter Präsident Vater war. Im Mittelpunkt dieser Veranstaltungen stand der jährliche Weihnachtsball am zweiten Feiertag. Die verheirateten Herren trugen Frack, die jungen Herren Smoking, die Damen entsprechende lange Abendroben. Die stimmungsvolle Original-Tanzmusik – also ohne technische Verstärkung – im festlich geschmückten Saal rundete ein Erlebnis ab, das der Jugend heute so verschlossen bleibt. Bei einer Theater-Veranstaltung im Casino spielte ich den »Prinz Bernhard« in der Gala-Uniform des Herrn Major a. D. Frey. Der Prinz liebte eine »Bürgerliche«, dargestellt von Ehefrau Frey. Die Uniform hat mir offensichtlich gut gestanden, denn bei meinem Auftritt im grellen Scheinwerferlicht ging ein »Aah, aah …« durch den Saal. Das war meine erste Erfahrung mit den »Brettern, die die Welt bedeuten«, weitere sollten folgen. Die Bühnenbeleuchtung lag in den bewährten Händen meines Bruders Fritz, der zu diesem Zweck seinen üblichen weißen Arbeitskittel trug. Alle Mitwirkenden dieser Darbietungen waren Damen und Herren und auch Jugendliche der Casino-Gesellschaft, unter denen der Regisseur Architekt Dr. Fehleisen in seiner künstlerischen Begabung die herausragende Rolle spielte.

Bei den jährlichen Winzerfesttagen im September herrschte nicht nur Betrieb draußen auf der Straße, sondern auch drinnen im Elternhaus. Vor Beginn des Festzugs, der damals an unserem Haus vorbeiführte, kamen unsere näheren Freunde, also viermal mindestens zwei, und Bekannte der Eltern. Der Eßzimmertisch war nach beiden Seiten ausgezogen, so daß alle um die langen Kuchenplatten und vielen Kaffeekannen herum Platz fanden.

*

Zeitlebens hat mich die Musik, insbesondere Opernmusik – strahlende Stimmen in Harmonie mit den Instrumenten, die ihrerseits harmonisch zusammenwirken –, angezogen und erbaut, ohne daß ich wirklich ein Musik-Kenner geworden wäre. Lange hatte ich den Gedanken gehegt, diese Neigung zum Singen zum Beruf zu machen, doch kam ich im Laufe der Jahre hiervon ab. Der Jurist, der Anwalt, wurde immer ausgeprägter zum Berufsbild. Das Vorbild des Vaters spielte letztlich wohl die wesentliche Rolle. Beim Abitur jedenfalls stand meine Berufswahl fest.

Im Sommersemester 1933 begann mein Jurastudium an

der Universität Freiburg im Breisgau. Ich wurde – ebenso wie mein Bruder zwei Jahre zuvor – korporierter Student der Ripuaria, einer katholischen Verbindung. Den Kontakt dorthin hatte Fritz geschaffen, der nach vier Semestern Jurastudium zu diesem Zeitpunkt Freiburg verlassen und das weitere Studium in Gießen begonnen hatte. Im Kreis gleichgesinnter Bundesbrüder erlebte ich noch unbeschwerte drei Semester als freier, froher Student. Noch atmete man freie, akademische Luft, wenn auch da und dort schon Studenten in brauner SA-Uniform zu sehen waren. Zum Ende des Sommersemesters 1934 hatte sich die Zahl dieser Uniformträger annähernd verdoppelt. Am schwarzen Brett in der Aula klotzten neben den Vorlesungsplänen Nazi-Aufrufe zu Kundgebungen. »Deutsche Studentinnen rauchen nicht« war da zu lesen, sinngemäß: »Der deutsche Student treibt Wehrsport« und viele Verlautbarungen ähnlicher Art, da und dort mit Betonung der »Rasse«. Professor Pringsheim beendete eine Schuldrecht-Vorlesung mit Tränen in den Augen und verabschiedete sich von uns, seinen Hörern. Es sollte seine letzte Vorlesung in Deutschland sein: Nach dem Krieg konnte dieser weltbekannte Erforscher des Römischen Rechts nach Freiburg zurückkehren. Einer der vielen großen Professoren damals ist mit ihm gegangen, der unter uns Studenten nur begeisterte und dankbare Schüler hatte, wie mir damals schien. Alle Hörer dieser letzten Vorlesung ihres großen Lehrers verließen betroffen den Saal, bevor die meisten ihn umringt und ihm die Hand geschüttelt hatten.

Dieses Ereignis in der Alma mater genügte mir, dem damals 22jährigen Rechtsstudenten, zur Erkenntnis, daß der Rechtsstaat am Ende und damit Unheil für die Zukunft zu befürchten war. Die Parolen am schwarzen Brett richteten sich immer massiver gegen die Juden und andere »Volksfeinde«. Es gab Professoren, die in ihren Vorlesungen ihre Empörung über diese Machenschaften zeigten; offiziell geschah aber nichts. An der Alma mater wurde weiter gelehrt und gelernt.

Aus dem »Recht der Schuldverhältnisse« und aus dem »Strafrecht« sind mir die Grundsätze der Gleichwertigkeit von Leistung und Gegenleistung dort, wie Schuld/Sühne/Abschreckung hier, von Anfang an sinnfällig gewesen. Die Aufweichung dieser Grundsätze im übertriebenen Schuldnerschutz dort wie die Überbetonung der Resozialisierung auf Kosten von Sühne und Abschreckung hier sind nach meiner Überzeugung die wesentlichen Ursachen der Rechtsverwahrlosung unserer Tage und der damit einhergehenden Politikverdrossenheit.

Die folgenden zwei Semester bis März 1935 studierte ich mit Fritz in Gießen. Während er pflichtgemäß Vorlesungen und Übungen besuchte, nahm ich nebenbei Verbindung zum Gießener Stadttheater auf, das damals unter seinem Intendanten Wrede einen recht guten Ruf hatte. Wir Brüder hatten nämlich bei einer bekannten Gießener Familie, die für »ihre« Studenten immer ein offenes Haus hatte, bei einem feucht-fröhlichen Abend eine Tänzerin vom Theater, Maja von Rabenau, kennengelernt, die bei Wein und Gesang eine gute Tenorstimme bei mir feststellte, wie sie meinte. Diese Feststellung begeisterte mich mit der Folge, daß ich durch Majas Vermittlung zum Theaterchor kam, wo ich mir das nötige Geld verdiente für Gesangsstunden bei einem Universitätsgesangslehrer. Auch dessen Urteil war nicht negativ. Von alledem wußte mein Bruder nichts, er durfte auch nichts erfahren. Als Mitglied des Jägerchors im FREISCHÜTZ nahm ich – ebenso gewissenhaft wie mein Bruder seine Vorlesungen – die Proben und mit der letzten die Generalprobe wahr. Zur ersten Aufführung übergab ich Fritz eine Karte, von Maja von Rabenau geschenkt, in Wirklichkeit eine von mir erarbeitete Freikarte, mit dem Hinweis, durch eine Seminarübung bedingt könne mein Kommen zu dieser Aufführung sich um einen Akt verzögern, er möge jedoch pünktlich seinen Platz einnehmen. Dies geschah. Fritz, der seinen leichtsinnigen Bruder also nicht neben sich als Zuhörer, vielmehr vor sich auf der Bühne als Akteur entdeckte, meldete all dies pflichtgemäß postwendend nach Hause. Tage später beim ersten Familienzusammensein zu Ferienbeginn gab es nicht die erwartete Strafpredigt meines Vaters, sondern den überzeugenden Vorschlag: »Mach bald dein erstes Staatsexamen. Auf diese Grundlage kannst du immer zurückgreifen. Danach kannst du deinen ›künstlerischen‹ Neigungen nachgehen, deren berufliche Chancen ungewiß sind.«

So schloß ich denn meine nebenberufliche »künstlerische Laufbahn« im GOLDENEN PIERROT, einer Fastnachtsoperette, als Chorsänger und -tänzer ab.

Das Studium mußte ich vom 1. April bis 30. September 1935 unterbrechen, weil die Ableistung des Arbeitsdienstes notwendige Voraussetzung zum weiteren Studium war. Unser Dienst bestand in der Bekämpfung der Schnaken in der Ried-Landschaft der Bergstraße. So waren wir Arbeitsdienstler, etwa 120 Mann, in einer leerstehenden Fabrik untergebracht. Vom frühen Morgen bis zum Spätnachmittag zogen wir Gräben unter Anleitung von technisch versierten Gruppenführern und Feldmeistern. Vom Oberfeldmeister bis zu den unteren Chargen waren es vernünftige Leute – jedenfalls in unserem Lager – ohne Nazi-Allüren. Solche gab es bei der SA und der SS. Dort wurde Nazi-Politik gemacht und hierzu erzogen, während bei uns im Arbeitsdienst schlicht Arbeit verrichtet wurde.

Wenn auch diese einsemestrige Unterbrechung dem

wünschenswerten kontinuierlichen Verlauf des Studiums hinderlich war, so empfinde ich heute diese sechs Monate Handarbeit im Kreis junger Gleichaltriger, mit denen man ein halbes Jahr lang rund um die Uhr zu tun hatte, was ganz einfach zu gegenseitiger Akzeptanz zwang, nicht als verloren. Bis dahin entstandene, vielerlei Vorurteile wurden damals abgebaut.

*

Im Oktober 1935 setzte ich mein Jura-Studium in Heidelberg fort. Das »Gaudeamus igitur« aus Freiburg galt jetzt nicht mehr. Der Betrieb meiner Ripuaria in Freiburg war mit allen anderen katholischen Verbindungen untersagt. Das Verbindungshaus auf dem Schlierberg war beschlagnahmt worden und für uns Ripuaren geschlossen.

In Heidelberg also, in der Apothekergasse gegenüber der Heiliggeistkirche, mitten in der Altstadt mit ihren damals lieben, kleinen Kneipen, hatte ich eine winzig kleine Bude gefunden, die heute jeder Student als »Kommt überhaupt nicht in Frage!« abtun würde. Für mich kam sie deshalb in Frage, weil die 25 Mark Monatsmiete inklusive Bohnen(!)kaffee, zwei Brötchen, Butter und Marmelade höchst angemessen, die Gutmütigkeit und Fürsorge meiner Wirtin unübertrefflich, der Blick aus meiner Mansarde über alle Dächer aufs Schloß ungehemmt und die Uni ganz nahe waren. Markant sind mir noch heute Professor Böttchers Zivil- und Zivilprozeß-Recht (Beweislast mit Umkehr), Professor Erik Wolfs Strafrecht, Allgemeiner Teil und Strafrechtsphilosophie, in Erinnerung. Meine Bude war groß genug, vor allem völlig lärmlos zum Repetieren des soeben gelernten Stoffes.

Es blieb nicht bei dieser Idylle. Schweres kam auf mich, die Eltern und Geschwister zu. Bei den folgenden freien Wochenenden zu Hause stellte ich fest, daß Vater kränkelte. Seine Fröhlichkeit fehlte plötzlich. In einem Vieraugen-Gespräch unterrichtete mich Fritz über die festgestellte Krebserkrankung, die leider zu spät diagnostiziert wurde. Die von Professor Zander durchgeführte Operation brachte zwar einen kurzfristigen Stillstand, das Leiden nahm jedoch seinen gräßlichen Lauf. Fritz eröffnete mir den Entschluß, seinen Referendar-Vorbereitungsdienst sofort abzubrechen, um Geld zu verdienen, was jetzt von ihm, dem Ältesten, einfach verlangt werde. Mit derselben Bestimmtheit verlangte er von mir, mein Studium fortzusetzen und unverzüglich (ohne schuldhaftes Zögern, wie der Jurist sagt) zu beenden. Onkel Johannes werde die finanzielle Grundlage hierfür schaffen, diese Zusage hatte er bereits von ihm eingeholt.

Der vielzitierte Ernst des Lebens hatte mich mit einem

Mal ganz erfaßt. Alle bis dahin oft mit viel Hingabe betriebenen Nebensächlichkeiten hatten ihre Attraktivität und damit ihren Sinn verloren. Diese Hingabe galt jetzt allein dem Studium.

Vaters Zustand wurde zunehmend kritischer. Er konnte keine Nahrung mehr aufnehmen. Mutter und Ina versahen seine Pflege, auf die er nun Tag und Nacht angewiesen war.

*

Auf die bereits erwähnte Fürsorge meiner Wirtin in Heidelberg, des guten Fräulein Becker, war ich plötzlich – damals im Winter 1935/36 – ebenfalls angewiesen. Mit hohem Fieber lag ich in meiner Bude, treu versorgt von ihr. Die ursprüngliche Diagnose »Lungenentzündung« war falsch. Vielmehr wurde – fast zu spät – in der HNO-Klinik Sepsis festgestellt, ausgelöst durch eine übergangene Angina. Das rettende Penicillin gab es 1936 noch nicht. In einer über vier Stunden ohne Narkose durchgeführten Operation wurde die Jugularis unterbunden. Auch nach der Operation nahm das Fieber nicht ab. Meine Schwester Ina, die in diesen schweren Tagen in meiner Heidelberger Bude wohnte, um mir Tag und Nacht nahe zu sein, vermittelte mir die Spendung der Krankensalbung, da ich vor dem Tod stand. In einem in der Nacht plötzlich auftretendem starken

Hustenanfall erbrach ich und befreite mich auf diese Weise vom Schlimmsten. Der damalige Oberarzt Dr. Wirth, nach dem Kriege Professor, hatte mein Leben gerettet, wie sein damaliger Chefarzt Prof. Beck ihm in meinem Beisein wörtlich bestätigte. Durch die Zeitumstände bedingt, konnte ich ihm nie meinen tiefen Dank aussprechen.

Mutter konnte mich während dieser Zeit vor und nach der Operation nicht besuchen, weil sie ganz für Vater da sein mußte, mit dessen Tod täglich zu rechnen war. Am 19. März 1936 brachte mich Onkel Rudolf Blechner mit dem Auto von der Klinik nach Hause. Vater wollte sich von uns allen persönlich allein verabschieden, was dann auch geschah. Am 21. März 1936 starb er.

Das katholische Schwesternhaus in Bad Königstein im Taunus war für vier Wochen jetzt der rechte Ort für Erholung, den Onkel Johannes Mutter und mir bot. In diesen vier Wochen spürte ich, woher Mutter die Kraft nahm, nicht nur zum Ertragen, sondern auch zum Weiterleben mit all dem, was ihr noch bevorstand. Ihr Gottesglaube und -vertrauen verpflichtete sie für uns vier, die wir noch alles Wesentliche vor uns hatten.

Im Anschluß an Königstein verbrachte ich zur vollständigen Genesung zwei Wochen beim Patenonkel und Tante Selma, wo mich Cousine Maja, die jüngste der vier Kinder dort, rührend betreute. Den starren Verband um den Hals konnte ich wieder abstreifen und den Kopf langsam wieder ganz gerade halten.

*

Das Studium in Heidelberg ging weiter. Ich machte meine Scheine. Bei Hans Trautmann, einem gleichgesinnten, zuverlässigen Philologie-Studenten, hörte ich auf seinem Zimmer, weitaus komfortabler als meine Bude, öfter den verbotenen Auslandssender. Das war deshalb möglich, weil dessen Hauswirt ein nachgewiesener Nazi-Gegner war. So erfuhr ich mit ihm, meinem Freund, was draußen geschah. Darüber zu reden verbot sich von selbst. Nur in kleinem, zuverlässigem Kreis konnte man reden und sich austauschen.

Mit meinem 1. juristischen Staatsexamen im Juli 1938 am Oberlandesgericht Karlsruhe endete meine Studienzeit. Meinen Vorbereitungsdienst als Referendar begann ich am Amtsgericht Lampertheim. Daneben arbeitete ich an einer Dissertation aus dem Handelsrecht (Nießbrauch und Pfandrecht an gesellschaftlichen Beteiligungen). Die Arbeit konnte damals nicht zu Ende geführt werden, da mein Doktorvater Professor Geiler – seine Ehefrau war Jüdin – seine Professur verlor. Zunächst aber hatte ich durch meine Beschäftigung in der juristischen Bibliothek noch laufend Verbindung zu Heidelberg. Dort erlebte ich den 11. November 1938: Auf der Hauptstraße waren einige laute Stimmen zu hören. Uniformierte SA-Leute stürmten zwei oder drei Häuser, wie ich sah. Aus den Fenstern oben fielen klirrend silberne Gegenstände, Bestecke und ähnliches. Zum Schluß flog aus einer geöffneten Balkontür oben ein dunkler Flügel krachend auf die Straße. Außer diesen Geräuschen waren nur Hetzrufe der Uniformträger zu hören. Sonst herrschte auf der Straße entsetzliche Stille. Die Täter handelten isoliert ohne jegliche Akklamation von außen. Alle, die wie ich das miterlebten, schämten sich, das spürte ich. Diese Scham aber war zu wenig. Was an diesem Tag in Deutschland geschah und dann folgte, hätte verhindert werden können, wenn die vielen guten Kräfte hier von außen entsprechende Unterstützung erfahren hätten; aber das Verbrecherregime wurde damals noch durch Staatsbesuche und andere diplomatische Gesten von außen aufgewertet. In erster Linie haben wir Deutsche versagt, aber auch unsere Nachbarn.

Es schwelte weiter. Tägliche Hetzparolen im Radio und auf den Straßen, geschrien und fett gedruckt, kündeten das große Desaster an. Der vom Führer und seinen Kumpanen herbeigebrüllte Krieg brach im August 1939 los.

*

Zum Glück gehörte ich zunächst nicht zu den »Eingezogenen«, so daß ich meinen Vorbereitungsdienst als Referendar nicht nur fortsetzen, sondern im März 1941 mit dem zweiten Juristischen Staatsexamen als Assessor auch beenden konnte. Mein Ziel, nach Ende der Gewaltherrschaft meinen Anwaltsberuf sogleich beginnen zu können, war erreicht. Bis dahin aber war noch vieles durchzustehen.

Wenige Tag nach dem Examen wurde ich Anfang April 1941 eingezogen. Nach der Ausbildung als Infanterist im besetzten Frankreich kam ich nach Rußland, wo ich im Orel-Bogen (Mittelabschnitt) als einer der vielen den Krieg an der Front erlebte. Als Offiziersanwärter hatte ich mit drei Stoßtrupps meine schrecklichsten Erlebnisse. Von der Härte des vorausgegangenen Winters, wie ihn die Stalingrad-Kameraden erleiden mußten, blieb ich verschont. Mit Mutter war ich durch Feldpost verbunden, die Beförderungsdauer von vier bis acht Wochen war die Norm. So erfuhr ich von den ersten gefallenen Verwandten, drei Vettern, von gefallenen Bekannten und Freunden. Viele aus meiner Einheit sah ich sterben, viele wurden schwer verwundet. Kamerad Hageloch, Gefährte der Stoßtrupps, ein braver Schwabe, verlor beide Beine. Ich habe ihn nie wiedergesehen.

*

Ina war mittlerweile als ausgebildete DRK-Schwester ebenfalls in Rußland im Einsatz, an wechselnden Hauptverbandsplätzen, wo sie viel Elend sah, aber auch viel helfen und aufrichten konnte, was durch Dankesbezeigungen noch nach dem Krieg Bestätigung fand. Mein Fronteinsatz wurde im Frühjahr 1943 durch einen Lehrgang auf der Kriegsschule in Metz unterbrochen. Zum Ende des Lehrgangs besuchte mich Fritz, der in St. Avold bei einer Einheit lag, die in Rußland zum Einsatz kam. Es war ein dienstfreier Sonntag, an dem wir Brüder uns einen ganzen Tag allein gehörten. Das gegenseitige Zuwinken beim nach Avold abfahrenden Zug ist die letzte Erinnerung an meinen lieben Bruder. Sein Feldpostbrief vom August 1944 aus Yassi an Mutter ist das letzte Lebenszeichen. Ich war wieder in Rußland an der bröckelnden Front im Orel-Bogen. Es war kein Stellungskrieg mehr, vielmehr Rückzug an allen Frontteilen. Wir Infanteristen waren nun wieder unmittelbar am Feind, dieser jetzt im Rücken. Der Winter 1943/44 mit seinen besonderen Beschwernissen – kniehoher, gefrorener Schnee war Tag und Nacht zu durchqueren – lag hinter uns. Die einsetzende Schneeschmelze mit ihren neuen Tücken forderte von uns viel Kraft. Wir liefen jetzt nur noch ums Überleben. Ein geordneter Rückzug war das nicht mehr. Es bildeten sich Gruppen von zwanzig bis dreißig Mann, die ihren nächsten Weg Richtung Westen einschlugen, wobei russische

Heckenschützen jetzt die größte Gefahr waren. Aus meiner Gruppe fielen im Laufe der nächsten Wochen ständig Kameraden aus, die in Kleingefechten ums Leben kamen. Andere blieben zurück, sie konnten einfach nicht mehr. Einige von ihnen hatten das Glück, in Sani-Fahrzeugen Richtung Heimat ihr Leben zu retten. Der Hunger quälte uns, wie auch die Angst. Nach Tagen ohne jede Nahrung gab es plötzlich ein Kommißbrot für vier Mann, dann und wann auch eine Büchse Fleisch. Wie das im einzelnen organisiert war und so noch klappte, weiß ich heute nicht mehr. Mancher Sanitätssoldat und so mancher »Küchenbulle« haben mit diesen tapferen Einsätzen viele Soldatenleben gerettet. Davon bin ich überzeugt.

Fritz Meese, ein Kölner, und ich waren die letzten unserer Gruppe. Mit seinem Kölner Dialekt und immer wieder durchbrechendem Humor hat er mir damals sehr geholfen. Wir beide also überquerten die Brücke in Mogilev, seit Wochen erstrebtes Ziel aller Soldaten dort. Das war unsere wie vieler anderer Kameraden Rettung. Tage später wurde die Brücke von den letzten deutschen Pionieren dort gesprengt. In Ivonic (Polen) fanden wir in einem zum Lazarett ausgestatteten noblen Hotel nach vielen Monaten die erste ungetrübte Ruhe in einem weichen Bett. Unsere völlige Erschöpfung, der wir erst jetzt nachgeben durften, ließ zunächst keinen Hunger aufkommen. Nach dem Leeren einer

Flasche Wodka und anschließend zwei Tagen und Nächten tiefen Schlafs wurde der dann aufkommende Bärenhunger gestillt, erstmals nach langer Zeit mit Hilfe von Löffel, Messer und Gabel.

Die Russen rückten ohne nennenswerten Widerstand immer weiter vor. Das Lazarett wurde von einem zum anderen Tag aufgelöst, wir, die Insassen, nach Westen zu dortigen Heimateinheiten in Marsch gesetzt, wobei es dem Glück und der Phantasie eines jeden überlassen war, wie er sein Ziel im Westen erreichte. Fritz Meese habe ich nicht mehr gesehen.

Für Mutter war es eine tröstliche Überraschung, als ich plötzlich zu Hause vor ihr stand, aber nur kurz, denn ich mußte nach Wiesbaden weiterfahren, mit einem für Soldaten eingesetzten Zug. Mittlerweile war ich vom Oberfähnrich zum Leutnant befördert worden. Das war nicht in Metz geschehen, sondern an der Front, eine Sache für sich.

In der Genesungskompanie unter Hauptmann Feurer fühlte ich mich wohl, der Krieg war für mich bald beendet. Der Kompaniechef leitete zwar den Tagesdienst immer noch mit dem üblichen »Heil-Hitler, Kameraden« ein. Aber Denunzianten wie die fiesen »Goldfasanen« – eine ständige Gefahr an der Front, wenn diese politischen Führungsoffiziere in ihren goldbraunen Uniformen plötzlich auftauchten – gab es hier nicht. Mit den Kameraden konnte man in gebotener Vorsicht reden. Man traf – von wenigen auch jetzt noch unverbesserlichen Ausnahmen abgesehen – auf gleiche Auffassung, die nicht näher beschrieben werden muß.

Zum Glück gab es in der Kaserne eine Bibliothek, wo ich allmorgendlich ein neues Buch auslieh. Nicht dem Buch an sich galt mein Interesse, sondern vielmehr dem Umstand, auf diese Weise dort verweilen und die Schöne bewundern zu können, die über die Bücher verfügte. Wir kamen ins Gespräch. Ich erfuhr von ihrem Kriegseinsatz in Frankreich als Dolmetscherin. Sie war Tage zuvor aus Lyon zur Genesungskompanie gekommen, wo sie bei der Bücherausgabe Betätigung fand. Das Schicksal nahm seinen Lauf: Mit dieser heute zwar nicht mehr ganz so jungen Frau durfte ich 1995 Goldene Hochzeit feiern. Bei den Eltern von Fräulein Inge Pielmann in Wiesbaden hielt ich um die Hand der Tochter an, wie dies damals noch Brauch war, und erhielt das Placet. Zwischen den Eltern Pielmann und Mutter und Schwestern bestand von Anfang an gutes Einvernehmen. Wenige Wochen nach der Hochzeit starb mein Schwiegervater offensichtlich an den Kriegsfolgen (dreimal ausgebombt), denen er mit siebzig Jahren nicht mehr gewachsen war.

*

Zurück zur Genesungskompanie: Der weitere Vormarsch der Westalliierten führte zur Auflösung der Einheiten in der Ochamps-Kaserne und zum Rückzug in den niederbayerischen Raum. Nach wenigen Wochen Flucht innerhalb des Vaterlandes vor unseren bald neuen Freunden, den Amis, wie sie ganz bald genannt wurden, endete für mich der Krieg in einem großen amerikanischen Kriegsgefangenenlager bei Tauberbischofsheim. Wir wurden dort nach wochenlanger Überprüfung auf NS-Verbindung (vom schlichten Parteimitglied bis zum Aktivisten und Funktionär) in Raten nach Hause entlassen. Erstaunlich waren die Kenntnisse der Bewacher über unsere Vergangenheit anhand der abgelieferten Soldbücher. Pech hatten die, welche diese zuvor vernichtet hatten. Die mußten lange Zeit im Lager bleiben. Ich gehörte zu den ersten Schüben. Ein offenes Militärfahrzeug mit dreißig oder vierzig Mann lieferte mich auf dem heimatlichen Marktplatz ab. Mein erster Blick fiel auf Mutter, die dort gerade aus der Kirche kam. Es war der 16. Mai 1945, ein sonniger Tag, mein Namenstag. Bei der entsprechenden Begrüßung erfuhr ich von Mutter als erstes, daß Ina seit Tagen zu Hause war. Aus Stalingrad war sie noch rechtzeitig mit anderem Sanitätspersonal herausgeflogen worden. Mit gelassener Trauer, nicht in Resignation, nahm Mutter das Vermißtsein ohne Hoffnung auf Heimkehr ihres Ältesten hin. Mutter behielt die Kraft, sich über meine und Inas gesunde Heimkehr aus Rußland zu freuen.

*

Der Krieg war zu Ende, mit ihm hatte die Diktatur ihr entsprechendes Ende gefunden: Trümmer ringsum, Menschen immer noch auf der Flucht, Millionen Gefallene draußen in der Fremde und daheim die unzähligen Trümmertoten, die Geschundenen in den Konzentrationslagern, viele Helden, namentliche und namenlose.

Ich gehörte zu denen, welche die ersehnte Freiheit erlebten. In diesen Wochen des Jahres 1945 entstand meine Haltung bleibenden Dankes gegenüber den Amerikanern, in deren Hände ich geriet mit vielen Kameraden, die wir das Glück hatten, nicht in die Hände der Russen zu fallen. Diese führten unsere Landsleute im Osten von der braunen in die rote Diktatur, vergewaltigten sie also zum zweiten Mal, während die Amerikaner als erstes unsere schlimmste Not großzügig linderten und uns im Westen den Boden zur Demokratie schufen.

Sogleich bekam ich hinreichend Gelegenheit, diese gewonnene Freiheit zu nutzen für den persönlichen Bereich und darüber hinaus, um für meinen kleinen Teil mitzuwirken an dem neuen Gemeinwesen.

Als einer der ersten Rechtsanwälte im Bergsträßer Raum wurde ich durch die amerikanische Militärregierung zugelassen, was durch das hessische Justizministerium dann offiziell nachvollzogen wurde. Gleichzeitig wurde ich als Strafverteidiger an den Militärgerichten – erste Instanz Heppenheim, zweite Instanz Darmstadt – bestellt. Ich wurde angesprochen, bei einer neu zu gründenden, christlich geprägten Partei mitzumachen. Der Grundgedanke, christlich fundierte Bürger beider Religionsgemeinschaften hier politisch zusammenzuführen, bewog mich zum Mitmachen.

Zum Glück war mein Elternhaus von Kriegseinwirkung verschont geblieben. So konnte ich mich in den früher von Vater benutzten Büroräumen einrichten, wobei Mutter wieder einmal unverzichtbar Regie führte, so wie schon einmal 24 Jahre zuvor unter gleichen Umständen. Im oben ausgebauten Mansardenstock richteten wir, Inge und ich, unsere eheliche Wohnung ein, mit einzelnen Stücken aus Mutters noch erhaltenem Haushalt und einigem wenigem – dafür besonders wertvollem – Mobiliar aus dem Haushalt der Schwiegereltern. Diese hatten fast ihr gesamtes bewegliches Hab und Gut durch Bombenangriffe in Kassel, Frankfurt und Wiesbaden, wo mein Schwiegervater, ebenfalls Jurist, als Behördenchef jeweils tätig war, verloren.

Unsere Hochzeit war in Wiesbaden gefeiert worden, wohin wir vier Blechners die erste Strecke im überfüllten Eisenbahnzug, die zweite mit einem großen Ruderboot über den Rhein – die gesprengte Brücke machte dies nötig – angereist waren. Ein junger katholischer Priester sprach zeitgemäße, eindrucksvolle Worte und segnete Inge und mich. Die Zutaten zum Hochzeitsschmaus stammten von ersten Klienten meiner Kanzlei, die schon damals entsprechende Beziehungen oder einen Bauernhof hatten. Die Großmutter meiner Frau, von allen »Omi« genannt, die hervorragend kochte, machte daraus ein Festmahl, von dem noch lange Zeit gesprochen wurde. Wein und andere Spirituosen hatten mir zu diesem besonderen Anlaß Amis besorgt, zu denen ich jetzt ständigen beruflichen Kontakt hatte, und zwar bei den Militärgerichten und dem CIC. Das CIC (United States Army Criminal Investigation Command) war die politische Untersuchungsinstanz mit »Mister Henry«, dem Chef. Untergetauchte Nazi-Aktivisten, darunter insbesondere Verbrecher im strafrechtlichen Sinn, wurden aufgespürt und je nach Schwere des Strafvorwurfs kategorisiert zu späterer Verurteilung. Ständige Verhöre fanden bei Mister Henry statt, bei denen ich als anwaltlicher Vertreter beziehungsweise Verteidiger mitwirkte. Viele Ungereimtheiten gab es da. Ein Beispiel: Ein ehrenwerter Bensheimer Bürger wurde vom CIC verhaftet, wovon mich die Frau des Verhafteten sofort verständigte. Meinem Drängen auf alsbaldiges

Verhör wurde nicht stattgegeben. Erst Tage nach der Verhaftung konnte ich den Vorwurf, der Verhaftete hätte seine SS-Zugehörigkeit verschwiegen, was durch einen in der Wohnung aufgespürten Ausweis nachgewiesen sei, widerlegen: Das Corpus delicti wies den Delinquenten als »Strekken-Rottenführer« bei der Reichsbahn aus. Er wurde sofort entlassen. Ein Denunziant hatte ganz offensichtlich die mißverstandene Spur in die Wohnung gelegt. Im übrigen: Mister Henry, wie er sich ganz offiziell nannte, war niemand Geringeres als der spätere US-Außenminister Henry Kissinger.

Beim zuständigen Landgericht Darmstadt residierten unter den ersten zugelassenen Richtern Dr. Hill, Dr. Schmidt und Klein, mit denen ich seit der Referendarausbildung und in gemeinsamer politischer Haltung freundschaftlich verbunden war beziehungsweise noch bin. Ebenfalls war ich von Anfang an zugelassener Anwalt bei den dann eingerichteten Spruchkammern. Dort verteidigte ich eine Reihe früherer belasteter Lehrer vom Gymnasium. Zu diesen gehörten nicht die an früherer Stelle Genannten. Viele der von mir Vertretenen hatten erklärliche Gründe für ihre NS-Zugehörigkeit. Nach wie vor sind diese für mich Ehrenmänner.

*

Da das erste verdiente Geld aus der jungen Praxis keinen spürbaren Wert besaß, die Besorgung von lebenswichtigen Gütern auf dem Schwarzen Markt, Organisieren genannt, also notwendig war, wurden diese Gesetzesbrüche bewußt in Kauf genommen. Das war halt so. Rechtsanwälte waren von dieser allgemeinen Übung nicht ausgeschlossen, und wie man hörte, Richter und Staatsanwälte auch nicht.

Mit einem Tag wurden diese wirtschaftlich rechtlichen Ungereimtheiten zurechtgerückt: Am 24. Juni 1948, dem Währungsstichtag, wurden die wirtschaftlichen Grundsätze geschaffen, die Deutschland in einen zuvor nie gekannten Wohlstand führen sollten. Jeder Bürger begann mit sechzig Deutsche Mark Kopfgeld. Der uns Deutschen eigene Sinn zum Sparen machte sich buchstäblich bezahlt. Durch das gezielte Umgehen mit dem neuen, wertvollen Geld blieb dieses stabil. Mit dem ersparten Geld konnten ebenso stabile geldwerte Güter erstanden werden, mit denen wiederum Geld verdient wurde, das neue geldwerte Güter schuf. Damit wurden Arbeitsplätze geschaffen, die gediegene Löhne erbrachten, wie umgekehrt gediegene Arbeitsleistungen Wohlstand schufen. Den vielen Ausländern (Italiener, Spanier, Jugoslawen, Türken), die in ihrer Heimat keine Arbeit hatten, kam das Überangebot an Arbeit bei uns entgegen. Sie wurden hier seßhaft und fühlen sich heute in zweiter und dritter Generation zu Hause. Diese unsere Mitbürger haben wesentlichen Anteil an unserem Wohlstand und haben deshalb unseren Dank.

Unmittelbar nach der Währungsumstellung wurde ich zum Notar bestellt. Den wesentlichen Anteil hieran hatte diesmal wiederum ein Herr von Brentano, nämlich der Neffe jenes Ministers, der im Jahre 1922 die Notar-Zulassung meines Vaters veranlaßt hatte, nämlich unser erster Nachkriegsaußenminister, Dr. Heinrich von Brentano. Die damit verbundene wirtschaftliche Besserstellung empfand ich dankbar als Ausgleich für meine Schlechterstellung als Assessor mit fünfzig Deutsche Mark Monatszuschuß als Nichtparteigenosse gegenüber den NS-Assessoren, die während des Kriegs automatisch mit entsprechender Entlohnung zu Richtern ernannt wurden.

*

Noch immer war das Fahrrad das Verkehrsmittel, das mich mit Behörden und Klientel außerhalb Bensheims Kontakt halten ließ, wenn nicht die Bahn mich zum Landgericht Darmstadt oder ein Mietauto nach Michelstadt zur dort tagenden Spruchkammer brachte.

So fuhr ich mit dem Fahrrad nach Birkenau zum Rentenamt von Wamboldt, wo ich dem Herrn Baron meine Dienste als neu bestellter Notar anbot, wie sie mein Vater zwei

Jahrzehnte zuvor dort als Notar und Rechtsberater erwiesen hatte. Bis heute bin ich mit dem Hause von Wamboldt beruflich laufend verbunden.

Auto und Benzin standen damals keineswegs in untrennbarem Zusammenhang. Das sollte eine Autofahrt nach Reisen im Odenwald zeigen, wohin mich mit meinen fünf Mitarbeitern ein Klient eingeladen hatte. Der Autounternehmer war ebenfalls Klient, der mit Holzdampfkraft – damals der einzige Kraftstoff – sein Automobil laufen ließ. Am Heck in einem kleinen Aufbau verbrannten trockene Holzscheite, deren Rauch in einem schmalen Rohr entwich. Mit großem Lärm und Gestank fuhr also die Korona dorthin, wo die gute Spruchkammerentscheidung meines Mandanten, weiland NS-Ortslandwirt, entsprechend gefeiert wurde. Es war Spätherbst, gerade Geschlachtetes und Bauernbrot lagen auf dem Tisch, Bembel mit Apfelwein waren in Fülle vorhanden. Bei der Heimfahrt in später Nacht übertönte unser gemeinsamer Gesang vom »schönen Odenwald« und der »Erika auf der Heide« das Geräusch des Fahrzeugs. Diese Odenwaldfahrt hatte noch vor der Währungsreform stattgefunden.

Solche Beziehungen zu lieben Klienten im Odenwald wie auch ebensolchen in der Rhein-Gegend ermöglichten die ersten Einladungen guter Freunde nach Hause. Hier zeigte Inge erstaunliche Fähigkeiten der Kochkunst, ob handfeste oder gehobene Küche, wie auch sonst als gute Gastgeberin. Fast jeder Samstagabend war gebucht für solche Festlichkeiten, ob als Gäste draußen oder als Gastgeber zu Hause, in kleinem wie in größerem Kreis.

In den Fasnachtstagen vor der Währungsreform fand in den dekorierten Büroräumen bei reichlich organisiertem Wein und dazu passend Eßbarem mit meinen Mitarbeitern und deren ehelichem beziehungsweise freundschaftlichem Anhang einmal ein rundes Fest statt. Ein Mitarbeiter, ein damals noch nicht wiedereingestellter Richter, sorgte mit munteren Liedern, begleitet von der Ziehharmonika, die er wie ein Schiffer beherrschte, für tolle Stimmung. Hierzu trug auch meine gute Mutter mit spontanen Mainzer-humorigen Einlagen bei. Nach den vielen Jahren voller Entbehrungen und ständiger Beschränkung geistiger Entfaltungsmöglichkeiten begann man zu leben. Die Freude am Leben und die endliche Möglichkeit freier, persönlicher Lebensgestaltung empfand ich als gottgeschenktes Glück, das man nicht verspielen darf. Unsere Wohnung oben im Haus wurde durch ständige Ergänzungen, die Inge mit viel Geschmack und praktischer Hand durchführte, zum gemütlichen Heim. Unter unserer Wohnung hatte Mutter vier große Zimmer mit Küche und Bad, wovon zwei Zimmer von zwei lieben alten Schwestern bewohnt wurden, die der Krieg als Witwen nach Bensheim verschlagen hatte. Diese beiden Damen und

Mutter verstanden sich ausgezeichnet, alle drei wußten das Beste aus ihrer Situation zu machen.

*

Im September 1946 war unser Sohn Hans zur Welt gekommen, zu Hause natürlich. Der bewährte Hausarzt Dr. Vogel, einer der damals Alten, die während des Kriegs zu Hause geblieben waren, sorgte für die glückliche Geburt im hygienisch einwandfreien Badezimmer. Wir Eltern waren stolz auf unser Hänschen, das sehr bald der Liebling der drei Damen unten wurde. So spielte sich unser Familienleben in einem Haus ab, wo ich unten in der Kanzlei den nötigen Unterhalt verdiente, als wichtige Voraussetzung für jedes Familienglück, an dem auch Mutter beteiligt war.

Mit einem war Inge nicht so recht einverstanden: Als Stadtverordneter und dann als Stadtrat hatte ich zu viele abendliche Sitzungen. Diese ehrenamtlichen Tätigkeiten machten mir jedoch Freude, weshalb beständig Kompromisse gefunden werden mußten. Gleiches galt für meine jahrelange Tätigkeit als Vorsitzender des Tennisclubs, den ich 1950 ins Leben gerufen hatte. Mit der weitsichtigen Unterstützung des Bürgermeisters Treffert wurde uns anstelle der während des Kriegs verlorenen vier Tennisplätze ein neues städtisches Grundstück an der Darmstädter Straße zu einem günstigen Pachtzins zur Verfügung gestellt. Dort ist die Wiege des Tennisbetriebs, wie er sich heute in Bensheim darstellt, einer der Pluspunkte unserer schönen Stadt.

*

Trümmer und Häuserruinen waren immer noch deutliche Zeugen des furchtbaren Krieges. Die ganze Hauptstraße machte nach wie vor ein bedrückendes Bild. Jedoch ließen die dort begonnenen Aufräumungsarbeiten keine Trostlosigkeit mehr aufkommen. Es ging voran, man sah es und fühlte es. Das machte stark zum Einsatz dort, wo jeder stand, und zum Einsatz füreinander.

*

Wir schreiben annum 1950. Das Organisieren hatte seinen Reiz verloren, der Schwarzmarkt seinen Nimbus. Auf dem ordentlichen Markt erhielt man für gutes Geld gute Ware nach eigener Wahl. Es gab alles Wünschenswerte zu kaufen für die vom Verkäufer allein noch gewünschte Deutsche Mark.

Inge und ich nahmen Fahrschulunterricht. Das Geld für das erste Auto war in langen Monaten angespart. Der dunkelrote VW-Käfer wurde geliefert und mit 4.800 guter Deutscher Mark bar bezahlt. Die Fahrprüfung haben wir beide bestanden. Das war die vierte Prüfung in meinem Leben, die fünfte sollte noch folgen. Diese war dann im Jahre 1981 mit dem Rigorosum meine Prüfung zum Dr. jur.

Eine Blechgarage im Hof bot dem teuren Gefährt Schutz und Schonung. Der Käfer war meine erste große Anschaffung. Als Bub hatte ich mir immer gewünscht, einmal ein Auto zu besitzen, wie meine Mainzer Onkel. Diese hatten große Limousinen, aber mein Käfer war moderner, schick und leicht zu bedienen.

Das Auto brachte beruflich zeitsparende Vorteile. Bei Terminen in Darmstadt, Lampertheim und Fürth etwa brachte das Auto Zeitgewinne, die rational umgesetzt werden konnten, oft ganz einfach zu Erholungspausen. Auf dem privaten Sektor gewann das Auto ebensolche Bedeutung. Längst fällige Kontakte mit alten Freunden und Verwandten wurden wiederhergestellt, so vor allem mit den Jugendfreunden Fritz Reinhart van Gülpen in Emmerich, Kurt Frische in München, Fritz Lautenschläger bei München und Hermann Kremer in Koblenz. Insbesondere mit Curt Born, Klassenkamerad meines Bruders Fritz, also knapp zwei Jahre älter als ich, der noch gut Tennis spielte. Fritz R. ist vor kurzem verstorben, Hermann vor einigen Jahren. Mit Kurt und Fritz L. stehe ich bis heute in Verbindung, ebenso mit meinem Schulkameraden vom Gymnasium, Hans Desaga (Dr. med. habil.) und Eli Lehmann in Israel (Prof. Dr. med.).

Auf diese Weise bin ich mit Frau und Sohn bis heute mit allen noch lebenden Vettern und Cousinen in Kontakt. Alljährlich um Ostern ist im Rheingau das Gerster-Treffen.

*

Allgemein blieb das Auto nicht lange das Wohlstandssymbol. Fast jeder, der in Arbeit stand, und das waren damals alle Arbeitsfähigen, fuhr seinen VW-Käfer bis hin zum BMW oder gar dem Wagen mit dem Stern, je nach Geldbeutel. Man gönnte sich gegenseitig seinen Besitz. Das war gut so. Erst Jahre später wurde von bestimmter Seite Neid geschürt, das ist immer schlecht und verantwortungslos. Wohlstandssymbol wurde sehr bald das eigene Haus, sei es Reihenhaus oder Einfamilienhaus. Auch hier gönnte jeder jedem sein eigenes Dach überm Kopf und war zufrieden. Das gilt persönlich ganz und gar für unser im Jahre 1957 gebautes Haus in Auerbach.

Mittlerweile sind Flugreisen für jedermann und in alle Welt Selbstverständlichkeit. Sie erweitern ungeahnt den Horizont, bei gar so vielen allerdings nur den geographischen, der geistige bleibt oft auf der Strecke. Jeder Haushalt hat seinen Farbfernseher, wenn nicht gar zwei, damit jung und alt im Haus getrennt glotzen können, wann und wo sie wollen. Die Lebensverhältnisse sind, wie immer von

Ausnahmen abgesehen, geordnet, teils üppig, großenteils überzogen. Die Ansprüche wurden immer höher gesteckt. So gilt bei vielen im Haus der Swimming-pool – ich vermeide das ordinäre Wort »Schwimmbecken« – wie auch der Zweitwohnsitz im Ausland als Norm. Mit der Zunahme des Wohlstands hat das menschlich-verbindliche Mit- und Füreinander abgenommen. An Stelle der fruchtbaren Schicksalsgemeinschaft nach dem Krieg sind Interessengruppen getreten, die in gegenseitigem Mißtrauen ihre Egos vertreten. Warum ist aus jener Schicksalsgemeinschaft nicht eine ebensolche Wohlstandsgemeinschaft entstanden, in der auf freiwilliger Basis ausgleichende Gerechtigkeit in vielerlei Weise geübt wird?

*

Wegen Verbreiterung der Bundesstraßen 3 und 47 mußte das Elternhaus abgerissen werden. Ich hatte zunächst nicht den Mut, dieses einschneidende Ereignis meiner guten Mutter mitzuteilen, weshalb ich ihr die behördliche Abrißverfügung unterschlug. Als sie es dann doch erfahren mußte, reagierte Mutter in der ihr eigenen Kürze: »Da kann man halt nichts machen, wir müssen uns damit abfinden.« Notgedrungen also räumte die letzte Mieterin, die Witwe Rhiem mit ihren zwei Kindern, mit der Mutter ein herzliches Verhältnis

hatte, die Wohnung. Mutter zog zu Ina nach Waldmichel-
bach, wo ich sie jeden Samstagvormittag besuchte und ihr
die Wohnung ausmalte, die im neuen Haus dort entstehen
sollte, wo sie denselben Blick aus dem neuen Erker haben
sollte wie zuvor im alten Haus.

Den Abriß hat Mutter nicht mehr erlebt. Sie starb am 18.
April 1979 mit genau 95 Jahren und sechs Monaten. Wenige Wochen später verschwand mein Elternhaus im Schutt.
Da sah ich Mutter vor mir, und ich hörte sie sagen: »Bub, da
kann man halt nichts machen.« Mutter wurde von uns Kindern, ebenso ganz besonders von ihren Enkelkindern herz-
lich geliebt und hoch geachtet, zeitlebens. Ihre souveräne
Art, in der großen Familie Generations- und andere Probleme zu glätten und, wenn gefragt, den rechten versöhn-
lichen Ton zu finden machten sie einfach zum Mittelpunkt.
Ihr Rat war immer begründet und hatte deshalb Gewicht.
Mit Mutter wurde nie gestritten. In ihrem Beisein gab es
keine strittigen Auseinandersetzungen, die sonst dann und
wann nicht ausblieben.

*

Weiter ging das Leben. Weihnachten 1980 folgte der Um-
zug vom Notbüro ins neue Haus. Der im neuen Bürohaus an
gleicher Stelle eingebaute Erker bedeutet für mich ununter-

brochener Übergang von erlebnisreicher Vergangenheit in die Zukunft.

Alle leben wir, wie die vielen anderen, im Wohlstand, wobei ich die erste Silbe *wohl* aus dem altgriechischen ευ entnehme, mit seiner klassischen Bedeutung: erstrebenswerter Zustand der Harmonie von Körper, Geist und Seele. In diesem Dreiklang versuche ich, mein Leben hier zu Ende zu führen. Das gute Vorbild der Eltern gehört zu den unverdienten Vorgaben, die in besonderem Maß zu verständnisvollem Mit- und Füreinander mit denen verpflichten, die dieser Vorgaben entbehren.

Nun gehöre ich mit meinen 98 Jahren zusammen mit meiner Schwester Ina (96 Jahre) und den noch lebenden drei Vettern und Cousinen zu den Alten in meiner Sippe. Für Senioren-Kaffeefahrten mit Dia-Vorträgen halte ich mich noch nicht reif genug. Ich bin noch täglich in der Kanzlei tätig. Dort versuche ich, nicht vorlaut meinen Junior-Kollegen in Dinge hineinzureden, von denen ich nichts mehr verstehe, was nicht immer ganz gelingt. Klassische Zeugen für letzteres sind Inge und Sohn Hans. Doch dann und wann werden meine Vor- und Ratschläge als beachtlich, da und dort als modern empfunden und aufgegriffen. Auch hierfür benenne ich vorgenannte Zeugen.

Solange der Herrgott mir die nötige Geisteskraft schenkt, will ich *discipulus* bleiben, einer, der nicht aufhört zu lernen, sich mit dem Erlernten auseinandersetzt und das Ergebnis der Auseinandersetzung als seine Meinung sich zu eigen macht und diese Meinung furchtlos vertritt.

Erkenntnisse

Mein Leben ist geprägt von zwei Weltkriegen, zwei Diktaturen und schließlich seit 1945 dem politischen Bemühen, in einer Demokratie ein menschenwürdiges Leben zu schaffen und zu erhalten, was wirtschaftlich gelungen ist, aber einer geistig-ethischen Komponente dringend bedarf.

Über diese Diskrepanz von wirtschaftlichem Wohlstand und geistiger Verarmung machte ich mir schon im Jahre 1961 meine Gedanken, die ich in einem Referat vor Lions-Freunden wie folgt festhielt:

Interesse – Neugier – Sensationslust

»Der Mensch, ein *zoon politikon,* ist auf den Mitmenschen angewiesen. Er braucht dessen Beistand.

In alter Zeit war dieser Beistand hauptsächlich körperlicher Natur gegen Unbilden der Natur und der wilden Tiere. Aus diesem wechselseitigen Beistandsleisten erwuchs die Gemeinschaft, deren eigenes Gepräge im wesentlichen auf die Art des gegenseitigen Beistands zurückzuführen war.

In neuer Zeit, in der die Technik und die staatliche Hilfe den körperlichen Beistand nicht mehr notwendig macht, ist der Mensch um so mehr auf den geistigen Beistand des Mitmenschen angewiesen. Unter den Menschen muß ein ständiges Interesse vorhanden sein. Interesse heißt Dabeisein, Anteil nehmen, die Fähigkeit haben, sich in die Psyche des anderen hineinzuversetzen. Nur wer diese letzte Fähigkeit besitzt, kann wahrhaft erkennen, wo und wie dem Mitmenschen Beistand geleistet werden kann.

Durch das ständig geübte Interesse, das heißt das ständige Teilnehmen am Schicksal des Mitmenschen, erwachsen geistige und seelische Kräfte beim Gebenden wie beim Nehmenden. Der Gebende erfährt Dinge seines Mitmenschen, die ihm oft zunächst fremd sind und erst durch die wiederholten Erfahrungen ins Bewußtsein kommen. Dadurch wird sein geistiger und seelischer Horizont erweitert, und er wird für Dinge empfänglich, die außerhalb seines eigenen Ichs liegen. Er wird dadurch aufgeschlossen, mitfühlend und verständig. Dem Gebot »Erkenne dich selbst« kann er letztlich nur nachkommen, wenn er sich bemüht, durch sein ständiges Interesse am Mitmenschen auch diesen in seinem Innersten mit all seinen geistigen und seelischen Variationen zu erkennen. Erkennt er dann den Mitmenschen, hat er erst die Möglichkeit des Vergleichs mit sich selbst. Nur in diesem Vergleich kann er zur Selbsterkenntnis kommen.

Der Nehmende erfährt geistigen und seelischen Beistand. Dies verpflichtet ihn, seinerseits beizutragen. Er fühlt sich nicht isoliert. Die letzte Wirkung wird sein, daß der Gebende bescheiden wird in der Kritik seiner Umwelt, maßvoll und verständnisfreudig.

Das Wort »Interesse« bedeutet also ursprünglich und richtig Anteilnahme, Beistand, am Schicksal des Nächsten Anteil nehmen. Dies setzt aber voraus, daß der Mensch sich selbst zwar als Handelnden sieht, aber das Schicksal des Mitmenschen in den Mittelpunkt stellt. Das Wort »Interesse« hat mit der Zeit eine Deutung erhalten, die sich oftmals in das Gegenteil verkehrt, nämlich, sich selbst in den Mittelpunkt aller Dinge zu stellen. Das sogenannte »Eigeninteresse« – ein Widerspruch in sich selbst – soll den Ursprung des Wortes »Interesse« ersetzen.

Heute wird das echte Interesse kaum, jedenfalls zu wenig, geübt. Dem *zoon politikon* sind zwar noch die ursprünglichen Antriebskräfte hierzu verblieben, diese Antriebskräfte zielen aber nicht mehr zum Mitmenschen, sondern zurück zum eigenen Ich. In Form der Neugierde, der sich der moderne Mensch hingibt, werden diese ursprünglichen Kräfte vertan. Schließlich bieten die ständigen Sensationen aller Art oft die beliebten Ablenkungen, so daß für das wahre Interesse, nämlich die Beschäftigung mit dem Mitmenschen, keine Zeit und keine Muße mehr bleiben. Es ist doch heute so, daß keiner für den anderen mehr Zeit hat, wie dies wörtlich oft zu hören ist. Die Sensationen aller Art – denken wir an die sensationell aufgemachte Presse, das moderne Fernsehen, den aufsehenerregenden Massensport – sind sinnliche Eindrücke, die von außen auf uns einwirken. Sie führen uns Menschen zwar zusammen, das Entscheidende der menschlichen Begegnung nehmen sie aber, nämlich die geistig-seelische Gemeinsamkeit. Sie nehmen unsere ursprünglichen aktiven geistig-seelischen Kräfte und machen uns zu einer passiven Masse. Sensationen werden oft gemacht, um diese Masse in ihrer Passivität dorthin zu bringen, wo der Initiator dieser Sensationen sie hinbringen will. Die Sensation ist also ein Machtmittel, das den Menschen seiner ursprünglichen Kräfte, die für- und miteinander bestimmt sind, beraubt.

Wenn also dem Menschen die ursprünglichen Anlagen und Kräfte gegeben sind, echtes Interesse zu üben, sich also mit dem Mitmenschen zu beschäftigen und an dessen Schicksal teilzunehmen, dann ist das christliche Gebot »Du sollst deinen Nächsten lieben wie dich selbst« keine Besonderheit. Dieses Gebot unterscheidet sich nicht wesentlich von der dem Menschen von Natur gegebenen Anlage, sondern nur graduell. Diese Anlage wird lediglich auf eine höhere Stufe gestellt.

Unter »christlichem Abendland« verstehe ich eine Gemeinschaft, deren Glieder sich wechselseitig den geistigen und seelischen Beistand geben, so daß aus diesen beständigen Wechselseitigkeiten eine geistige Gemeinsamkeit gegeben ist. Diese Gemeinsamkeit strahlt Kräfte innerhalb der Gemeinschaft aus, aber auch Kräfte, die nach außen wirken und von außen als eine Kraft hingenommen werden.

An dieser Gemeinsamkeit scheint es mir heute zu fehlen. Der Mensch glaubt, auf das Interesse des Mitmenschen verzichten zu können, und merkt nicht, daß er dadurch in die Vereinsamung gerät. Diese Vereinsamung unserer modernen Zeit ist aber mit all ihren oft erschütternden Konsequenzen festzustellen. Man denke nur an die vielen einsamen Großstadtmenschen; an die Vereinsamung der Jugendlichen und Vereinsamung so vieler wertvoller Menschen, die den Kontakt zum Mitmenschen verloren haben. Viele wertvolle Kräfte sind dem einzelnen oft gegeben. Es fehlt aber am lebendigen Austausch dieser Kräfte. Es fehlt das Interesse. Die Kräfte sind zu sehr gestreut. Sie sollten in der lebendigen, ständig Interesse übenden Gemeinschaft konzentriert werden. Es fehlt an der freiwilligen Einordnung – nicht Unterordnung – in diese lebendige Gemeinschaft. Die konzentrierten Kräfte aus dieser lebendigen Gemeinschaft wären der richtige Gegenpol zur massiven Kraft des leblosen Kollektivs, leblos, weil es keine eigenen Kräfte besitzt und entwickelt, sondern nur als Machtmittel einer kleinen Führungsgruppe verwandt wird.

Wir müssen wieder zu einer lebendigen Gemeinschaft werden, die Hybris ablegen, als ob wir ohne die wechselseitigen menschlichen Kräfte auskämen. Nur so können wir der massiven leblosen Gewalt des Materialismus begegnen.«

*

In unserem verfaßten Staat sind institutionell alle Voraussetzungen zu einem blühenden Gemeinwesen gegeben. Wir leben in einer Freiheit und einem Wohlstand, wie es beides in Deutschland zuvor nie gegeben hat. Unser Fleiß und unsere Tüchtigkeit haben uns wirtschaftlich an die Weltspitze gebracht, unsere Sozialleistungen gelten in ihrer Einmaligkeit als Vorbild.

Trotz dieser soliden Gegebenheiten kann von dem besagten blühenden Gemeinwesen nicht die Rede sein, weil unserer Freiheit die Ordnung verwehrt wird, die jener erst den notwendigen Raum und ihre Grenze schafft.

Unter Berufung auf Hitlers »Ordnung«, deren radikale Durchsetzung jegliche persönliche Freiheit vernichtete, versuchen linke Ideologen die wohlverstandene menschenwürdige Ordnung als nazistisches Relikt zu verteufeln. Die gleichen

Ideologen nehmen die frevelhafte Besetzung der Begriffe »Nation«, »Vaterland«, »Heimat« durch Hitler zum perfiden Anlaß, deren wahren Werte ebenso abzutun und den Mitmenschen, der sich zu seiner Nation, dem Vaterland, der Heimat bekennt, als rechtsradikal zu diffamieren. Es sind nach wie vor Lenins unverbesserliche, nützliche Idioten, die dies tun.

Wenn also unter der Diktatur die Freiheit durch Mißbrauch der Ordnung verlorenging, laufen wir heute Gefahr, unsere Ordnung durch duldenden Mißbrauch der Freiheit aufs Spiel zu setzen. Beides führt in letzter Konsequenz ins Chaos.

Wir leben in einer beängstigenden Unordnung. Der Treueschwur am Traualtar ist fast zur unverbindlichen feierlichen Floskel verkommen. Manche kirchlichen Amtsträger begünstigen diesen Trend geradezu mit einem undifferenzierten Verständnis für Geschiedene. Mit ihrem Anliegen, diese um Gottes willen nicht auszugrenzen – selbstverständlich werden sie nicht ausgegrenzt –, gelten sie als fortschrittlich und kommen deshalb im allgemeinen gut an, mit der Folge, daß viele kompetente Rufer in der Wüste ins Abseits geraten.

Schulbuben terrorisieren ihre Lehrer oft in kaum vorstellbarer Aggressivität. Jugendliche Banden treiben in aller Öffentlichkeit ihr Unwesen, verschmutzen Straßen und Häuser, belästigen den Bürger, ohne Einhalt zu erfahren, im Gegenteil, um all dieses macht der Bürger einen Bogen, um seine Ruhe nicht zu gefährden.

Verdienstvolle Persönlichkeiten aus Politik und Wirtschaft werden entführt und brutal ermordet, Asylantenheime und Kaufhäuser werden ausgebrannt, wobei Menschen den Tod finden. Raubüberfälle sind Alltagsgeschehen, das man schicksalhaft hinnimmt.

Sinnvolle Maßnahmen zur Aufdeckung dieser Verbrechen im Vorfeld scheitern wegen Berufens auf Rechtsstaatlichkeit einzelner Politiker, auf die man Rücksicht nimmt aus Gründen der »politischen Vernunft«. Auf höchster politischer Ebene wird über vorzeitige Haftentlassung von Mördern diskutiert, die als Terroristen offensichtlich eine Sonderstellung unter den Verbrechern einnehmen. Haftentlassung wird dann verfügt, trotz mangelnder Einsicht des Verbrechers, nein – der erklärt öffentlich in einem Interview sein Fehlverhalten als gerechtfertigt und geht in die Freiheit, während die Opfer dieser Mörder heute noch auf eine Geste der Reue warten. Die Herren Gysi, Krenz und Modrow haben das große Sagen und leben in herausgehobenen Verhältnissen; Stolpe, von Honecker ausgezeichnet, fungiert als Länderchef, Honecker konnte sich mit polizeilichem Geleit nach Chile absetzen, ohne Verurteilung für seine schweren Verbrechen. Länderchefs fordern die Auflösung des Amtes zur Erfassung von SED-Verbrechern in Salzgitter aus christlicher Nächstenliebe und Zweckmäßigkeit, bevor man sich der rechtlichen Belange der jahrelang gequälten Opfer des Regimes auch nur irgendwie angenommen hätte.

Amnestie von Stasi-Spitzeln ist das neue Schlagwort. Da diese Forderung auch von prominenten Politikern mitgetragen wird, findet sie viele ahnungslose Mitstreiter.

Das Wort »Amnestie« hat an sich eine sympathische Bedeutung. Man denke an den Schwerverbrecher, der nach zwanzig Jahren Strafverbüßung reif geworden ist, vorbehaltlos zu seiner Schuld zu stehen und sie zu bekennen, deshalb Gnade verdient.

So manche Amnestieverfechter unserer Tage nähren jedoch den Verdacht, die Wahrheit nicht ans Licht zu lassen, weil sie ihnen peinlich oder gar gefährlich werden kann. Deshalb ihre verständliche Parole: Schluß mit den unseligen Folgen, die die Aufdeckung der Wahrheit für sie bringen wird.

Im übrigen: Zur Amnestie, dem Gnadenerweis, ist doch wohl nur der legitimiert, dem Unrecht geschehen ist. Die genannten vorlauten Verfechter der Amnestie haben gar nichts zu vergeben, weil ihnen gar kein Unrecht zugefügt wurde; im Gegenteil, sie selbst haben anderen Unrecht zugefügt.

Alle, die es angeht, sollten sich dem Judicium stellen, damit endlich in Wahrheit die Schuldigen festgestellt und beund verurteilt werden können.

Erst dann wird die Frage nach Amnestie akut, und erst

dann werden sich hierfür legitimierte Opfer finden – davon bin ich überzeugt –, die auf Strafverfolgung aus christlicher Gesinnung verzichten.

Dann ist in Wahrheit Ruhe und Ordnung geschaffen, der Boden also, auf dem ein Staatswesen sich entfalten kann.

Diese unabdingbare Wechselbeziehung von Wahrheit und Liebe gilt im Kleinen wie im Großen.

*

Eine folgenschwere politische Entgleisung waren die »Rahmenrichtlinien« des hessischen Kultusministers in den 70er Jahren, in denen – wiederum unter zynischer Berufung auf Hitlers Gewaltordnung – die Jugend zum Kampf gegen Eltern, Erzieher, Lehrer und jegliche Autorität aufgerufen wurde, weil diese »Ordnungshüter« ihrer freien Persönlichkeitsentfaltung im Wege stünden. Über die Folgen dieser Richtlinien an den Schulen kann die hessische Lehrerschaft ein vielstimmiges Lied singen.

In die Reihe jämmerlichen Versagens der Justiz gehört das jüngste höchstrichterliche Urteil: »Soldaten sind Mörder«. Dem Bürger mit gesundem Menschenverstand wird hier zugemutet, erst nach Studium der verklemmten Begründung sich den Tenor dieser unmöglichen Entscheidung gefälligst selbst verständlich zu machen.

Mit diesem Rechtsakt haben sich hohe Verantwortung tragende Richter zu Handlangern linker Zeitgenossen gemacht, die die Abschaffung der Bundeswehr, den Austritt aus der NATO und ähnlichen gefährlichen Wirrwarr auf ihre dunkelrote Fahne geschrieben haben.

Weiteres Beispiel für verlogene Polemik, mit der die deutsche Bevölkerung insgesamt überzogen wird, ist der ständige Vorwurf der Ausländerfeindlichkeit. Diese ebenfalls von links gelenkte Kampagne wird von kirchlichen Amtsträgern beider Konfessionen zum Anlaß von Bittgottesdiensten genommen. Von einer verschwindend kleinen Clique Unbelehrbarer abgesehen, die es in anderen Staaten gleichermaßen gibt, kann ich hier diese Feindlichkeit nicht ausmachen. Der Ausländer verdient und hat bei uns Anerkennung, weil er unser Mitmensch ist. Bedarf er unserer Hilfe, sind wir – wie jedem Hilfsbedürftigen gegenüber – zur Caritas verpflichtet und kommen dieser Verpflichtung im einzelnen wie von Staats wegen in hohem Maße nach. Die Ausländer allerdings, die nicht unseren ehrlichen Kontakt suchen, sondern sich kriminell betätigen, haben Anerkennung nicht zu beanspruchen, weshalb diese ihnen mit Recht versagt wird. Gleiches gilt selbstverständlich auch für jeden Deutschen, der sich im Ausland flegelhaft oder gar kriminell aufführt.

Unsere weltweit bekannte großzügige soziale Behandlung von Ausländern hat viele Kriminelle zu uns gelockt.

Das organisierte Verbrechen in der Form von Drogen, Mord, Prostitution, Mädchenhandel, Schutzgelderpressung, Schmuggel und Diebstahl hat sich hierzulande trefflich eingerichtet: Türken, Marokkaner und Libanesen stehen für das Rauschgift, Italiener und Kurden erpressen Schutzgelder, Vietnamesen handeln mit unversteuerten Zigaretten, russische und polnische Mafiosi besorgen Autodiebstähle mit anschließender Verschiebung ins Ausland.

Bei diesen Verbrecherkartellen sind Ausländer im Proporz zu Deutschen unverhältnismäßig hoch vertreten. Diese Wahrheiten offen auszusprechen und damit im Interesse aller anständigen Ausländer schwarze von weißen Schafen zu trennen gilt als gefährlich nationalistisch.

Statt im Zuge des Zeitgeistes die Parolen vom angeblichen Ausländerhaß mitzutragen und viele ernste Christen damit zu irritieren, sollten christliche Amtsträger schlicht ihre vornehmste Pflicht erfüllen: Das Wort Gottes unverfälscht verkünden. Dazu gehören fundamentale Feststellungen: Die von Gott gewollte Freiheit des Menschen ist ohne entsprechende Ordnung nicht denkbar, wie Caritas, also Nächstenliebe, Wahrheit voraussetzt. Wie erwähnt, führt Freiheit ohne gebotene Ordnung letztlich ins Chaos, wie Nächstenliebe ohne Wahrhaftigkeit nicht möglich ist. Den Feind soll ich lieben, nicht seine Untaten. Wenn ich ihm diese vorhalte in der Absicht, Reue und damit Bekehrung zu bewirken, übe ich Nächstenliebe, ohne diese Absicht handle ich lieblos.

Dichter und Denker von Format sind zu allen Zeiten deshalb in die Geschichte eingegangen, weil sie ihrem ureigenen Auftrag nach geistiger Orientierung gedient haben. Sie haben damit ihren Lebensraum geprägt und oftmals die Welt zum Guten bewegt.

Gleiches gilt für die Vertreter der Kunst auf all ihren Gebieten. Diese haben einmal »dem Wahren, Guten und Schönen« gedient, dem sie sich gänzlich verschrieben haben.

Wer von denen, die sich heute als Denker und Dichter gerieren, ist denn noch in der Lage, die Welt zu bewegen – und gar zum Guten? Wer von denen, die der Kunst zu dienen für sich in Anspruch nehmen, spricht noch das Gemüt an, das hierfür allein zuständige Organ?

Wo sind denn die Kabarettisten geblieben, in deren humorvollen Geistesblitzen wir uns selbst mit unseren Schwächen erkannten und die uns schmunzeln oder gar aus vollem Herzen lachen ließen? Die Kabarettisten unserer Tage bewirken nur herzloses Grinsen oder Kreischen aus blanker Schadenfreude. Erfreuliche Ausnahmen auf den genannten Gebieten bestätigen nur die Regel.

Es gibt sie auch heute noch, wahre Dichter, Denker und Künstler, die berufen sind, unsere Welt zum Guten und Wahren zu verändern. Da sich das geistige Mittelmaß heute auf allen diesen Gebieten unangefochten etabliert und deshalb allein das Sagen hat, können die genannten berufenen Kräfte sich nicht erfolgreich artikulieren.

Den wahrhaft Berufenen ist eines gemeinsam: Sie dienen Idealen, verfolgen keine Zwecke, sie unterscheiden sich also essentiell von den unberufenen Ideologisten ihres Fachs, die nur dem Zeitgeist folgend immer oben sind, unter allen möglichen Umständen.

Ein eklatantes Beispiel für die Anmaßung und Niedertracht dieser gegenüber jenen bietet der Austritt des Reiner Kunze aus dem PEN-Zentrum (West). Kunze, einer der integersten Vertreter der Schreibzunft unter Deutschlands Dichtern (sein Buch: Deckname: Lyrik) konnte seine persönliche Verfolgung in der DDR anhand der Stasi-Akten eindrucksvoll nachweisen, was den PEN-Präsidenten Heidenreich veranlaßte, diese unbestrittene Beweisführung in einem Interview der Süddeutschen Zeitung zynisch abzutun wie folgt: »Aus den Akten lerne ich nur, daß Spitzel über Spitzel etwas aufgeschrieben haben«, und fährt fort, das, was die Stasi-Akten böten, gehöre ins »Reich der Lügen und der Verlogenheit«, dies sei ungeeignet zur »Auseinandersetzung mit dem Andersartigen«.

Schlimm sind solche verlogenen, niederträchtigen Auslassungen des Vertreters einer ehedem international unangefochtenen Einrichtung der geistigen Elite. Schlimmer ist das offizielle Schweigen hierzu, das Hinnehmen des Bankrotts der uns heute vorgesetzten geistigen Führung, das Verschwinden der Aristokratie des Geistes.

Eine letzte Betrachtung der Folgen permanenter, menschenverachtender, gedankenloser, wenn nicht gar böswilliger Maßnahmen beziehungsweise Unterlassungen führt mich in die Welt der Opfer der DDR-Diktatur.

*

Das einmalige grauenhafte Faktum der Judenverfolgung, der Vernichtung als Volk wird zum verhängnisvollen Anlaß genommen, diese Verbrechen abzugrenzen zu Verbrechen gleicher krimineller Art, wie sie unter kommunistischer Diktatur begangen wurden. Aus graduellem wird essentieller Unterschied gemacht, was sich dann konkret auf die Entschädigung dieser Opfer wie folgt auswirkte:

Aufgrund von 30.000 Gutachten während der vergangenen 38 Jahre steht folgendes fest: Bei den NS-Opfern sind mehr als achtzig Prozent psychische Gesundheitsschäden als verfolgungsbedingt anerkannt worden, bei den ehemaligen DDR-Häftlingen nur ein Prozent. Wenn dann noch der geraubte Grundbesitz den allein berechtigten Eigentümern vorenthalten wird – unter nicht nachvollziehbaren Begründungen –, braucht man sich über die verständliche Resignation der Betroffenen, indem sie auf Geltendmachung berechtigter Ansprüche verzichten, dann nicht mehr zu wundern.

Eine merkwürdige Wechselwirkung ist festzustellen: Je perfekter, umfassender unser Wohlstand in den letzten Jahrzehnten geworden ist, desto mehr haben wir Menschen des zu Ende gehenden 20. Jahrhunderts die uns bindende Gemeinsamkeit eingebüßt. Diese hat sich in Gruppen einzelner mit unterschiedlichen Zielen, die sich gegenseitig im Wege stehen, wenn nicht gar befeinden, verloren.

Von Generationenstreit ist die Rede, von den Problemen der Jungen – die gab es zu jeder Zeit und wurden immer gelöst –, für die die Älteren angeblich kein Verständnis mehr aufbringen, wie umgekehrt die Jungen die Älteren nicht mehr verstehen, wie behauptet wird.

*

Der naturgegebene Zusammenhang der Generationen mit ihrem wechselseitigen Aufeinander-Angewiesensein ist vernichtet worden durch die unberufenen Propheten, die nach 1945 eine neue Geschichte predigten, nach der die damalige Eltern-Generation total versagt hatte und für den Krieg mit seinen schrecklichen Folgen allein verantwortlich gemacht wurde.

Weg von den verlogenen Traditionen, wurde den Jungen verkündet. Zur Selbstbefreiung wurden sie aufgerufen, zum Konflikt mit Eltern, zum Konflikt mit dem Gesetz, zum ständigen Mißbrauch der Freiheit in Form von Sachbeschädigung oft schwerster Art und Nötigung friedlicher Mitmenschen. Die Austragung dieser von links gezüchteten Konflikte erleben wir Bürger täglich in Form von sogenannten Demonstrationen, bei denen Gesetzeshüter von Gesetzesbrechern vor aller Augen tätlich angegriffen werden, in Form von Sitzblockaden, durch die die große Mehrheit friedlicher Bürger von einer kleinen kriminellen Minderheit genötigt und beleidigt wird. Rückendeckung erhalten diese Banden dann noch ausgerechnet durch das höchste Verfassungsgericht mit seinen Urteilen vom 25.08.1994 (Soldaten sind Mörder = straflos), vom 09.03.1994 (Haschisch zu eigenem Gebrauch = straflos) und mit dem Beschluß vom 10.01.1995 (Sitzblockaden sind keine Straftaten).

Auf der Strecke bleibt das Vertrauen des Bürgers in seinen Rechtsstaat. Die seit Jahren festzustellende Rechtsunsicherheit nimmt bedenklich zu, das Rechtsbewußtsein geht mehr und mehr verloren, weil es keine überzeugende Orientierung gibt.

*

Eine Gesellschaft, die die Emanzipation, die Selbstverwirklichung, den Single als erstrebenswertes, zeitgemäßes Ideal vorführt und annimmt, verliert ihr Fundament, ihren Inhalt und ihre Form, sie wird zur Summe von Mitmenschen reduziert, die keine Gemeinsamkeiten mehr haben, die allein eine Gemeinschaft ausmachen.

Unsere Gesellschaftsform mit ihrer ständig geforderten und judizierten übersteigerten Liberalität hat sich selbst erledigt.

Wir müssen zurückfinden zur naturgegebenen Form der menschlichen Gemeinschaft, zur Familie. Dort allein erfährt der Mensch in seinen entscheidenden ersten Lebensjahren Geborgenheit, Zuneigung, Lebenssinn und Lebensfreude, wie auch die Notwendigkeit gegenseitiger Rücksicht, die ersteres voraussetzt, als die unverzichtbaren Reifevoraussetzungen, die ihn zum Mitmenschen machen, der sich seiner Verantwortung für das Gemeinwesen bewußt ist und seine ihm gegebenen Fähigkeiten hierfür einsetzt.

Erfreuliche Ansätze in diese Richtung sind auszumachen, so etwa an Schulen, wo durch gut organisierte Wettbewerbe geistige Leistung einzelner im Gemeinschaftswerk herausgestellt und gewürdigt wird.

Mögen diese guten Ansätze Schule machen und sich mehr und mehr durchsetzen. Wir müssen zu menschlicher Gemeinschaft finden, in der wir in gegenseitiger Achtung und Verantwortung, in Würde und gesicherter Freiheit unser Leben frei gestalten.

Folgerungen

Der Mensch ist zur Unsterblichkeit in Gott berufen. Sein freier Wille gibt ihm die Möglichkeit, sich auf dieses Glück jenseits aller menschlicher Vorstellung anhand der Gottesgebote vorzubereiten, in deren Mittelpunkt die Liebe zu Gott und damit über ihn zum Mitmenschen steht.

Die Beachtung dieser Gebote beschwert den Menschen nicht, sondern macht ihn frei. In dieser gottgewollten Freiheit soll er die Schöpfung in all ihrer geheimnisvollen Schönheit und Vollkommenheit in vollen Zügen genießen, er selbst als Geschöpf und berufenes Ebenbild Gottes, dem diese Schöpfung anvertraut ist. Die Ausrichtung und Gestaltung unseres natürlichen Lebens auf dieses transzendentale Ziel hin ist alleiniger Lebenssinn.

Dieser ist mit herkömmlichen Mitteln nicht zu erfüllen, wie wir immer wieder feststellen müssen. Menschliche Vorschriften reichen nicht aus, um menschliches Mit- und Füreinander sinnvoll zu gewährleisten. Alle menschlichen Ordnungen, mögen sie noch so ideal gemeint und noch so perfekt ausgeklügelt sein, versagen letztlich, wenn sie nicht Reflex göttlicher Ordnung sind. Nur diese Ordnung hat Bestand, weil sie nicht menschlichen Unzulänglichkeiten unterworfen ist.

Wir müssen uns ständig neu orientieren, das heißt nach dem Licht streben, das uns die göttliche Ordnung immer wieder neu offenbart; wir dürfen uns nicht irritieren lassen von Irrlichtern dieser Welt, die uns den Blick verstellen.

*

Die Emanzipation, mit ihrer radikalen Forderung unserer Tage, ist ein solches Irrlicht. Bei allem Verständnis für zeitbedingt-notwendige Veränderungen herkömmlich-gesellschaftlicher Strukturen führt das hemmungslose Aus-der-Hand-Nehmen im Letzten zur Auflösung aller gesegneten und bewährten Bindungen.

Ehescheidungen, die zum selbstverständlichen Alltagsgeschehen geworden sind, mit der Folge der Auflösung der Familieneinheit und der damit verbundenen Isolierung des Kindes mit allen bekannten, verheerenden Folgen hieraus, sind beredtes Beispiel, wie ständig zunehmende Kirchenaustritte die Folge vordergründiger Kritik an altbewährten Einrichtungen und an höchsten integren Repräsentanten der Kirchen sind.

Für mich sind diese unliebsamen Vorgänge innerhalb der katholischen Kirche der wahre Grund für die Lösung von ihr, mag die Kirchensteuer letzter Auslöser zum formellen Vollzug hierbei sein.

Ein geordnetes Verhältnis von uns Menschen zu Gott und über ihn zueinander, die Religion, muß also her.

Herausragende Aufgabe der christlichen Kirchen und aller Personen, die es angeht (Eltern, Lehrer, Erzieher), muß es sein, unsere Jugend vor allem von vielen Irrlichtern zu befreien, denen sie beständig ausgesetzt ist, im Fernsehen von den Darbietungen über Gewalt, Sex, bis hin zum Drogenangebot auf der Straße und dem Schulhof. Sie muß überzeugt werden, daß die Droge nur einen Lebenssinn vorgaukelt und nach kurzer Zeit des Rausches ins Nichts zurückwirft sowie zu Abhängigkeit und damit zum Verlust der Freiheit führt.

Die sich ausbreitende Tendenz der Bindungslosigkeit von allem, die in letzter Konsequenz zur Emanzipation von Gott zu führen droht, wenn der Mensch die göttliche Ordnung negiert und sich die frevelhafte Freiheit nimmt, seinen Gott selbst zu bestimmen, die Hybris, ist die Crux unserer Zeit.

Gott muß wieder Mittelpunkt menschlichen Strebens sein, von dem der Mensch die Würde und die Freiheit erhält zur Gestaltung seines Lebens im Rahmen seiner ewigen Ordnung. Es gilt, der suchenden Jugend das Verständnis zu schaffen für diese absoluten Wahrheiten, sie mit den Geheimnissen um Gott, seiner umfassenden Liebe, seiner Schöpfung und seiner Gerechtigkeit, die das All zusammenhält, vertraut zu machen.

Dieser dringend notwendige geistige Einsatz für die

jungen Menschen sollte gezielter und wirkungsvoller sein. Konkret: Zugunsten etwa der Erwachsenenbildung, einer modernen kirchlichen Einrichtung, die an sich zweckmäßig ist, kommt der an erster Stelle zu stehende Religionsunterricht in den Klassen aller Schulen offensichtlich zu kurz. Von betroffenen Lehrern und Eltern weiß ich, daß an Volksschulen seit etwa einem Jahrzehnt nur noch unvollkommen, wenn nicht gar überhaupt nicht, Religionsunterricht erteilt wird. Als Entschuldigung gilt der Hinweis auf Überlastung der Geistlichen mit kirchlicher Verwaltungsarbeit und anderen täglich anstehenden Verrichtungen.

Hier müßte zugunsten der Jugendarbeit anders gewichtet werden.

*

Man könnte hier ein Vakuum füllen mit modernen, zukunftsweisenden Berufen als Lehrer/in und Erzieher/in, die sich fachlich und charakterlich zuverlässig mit Diplom ausgewiesen haben. Hier könnte eine christliche Eliteschule diese Voraussetzungen vortrefflich bieten. Ich denke etwa an die Universität Eichstätt. Die notwendigen Geldmittel hierzu wären gut angelegt: Arbeitsplätze gleichsam für Frauen und Männer recht bedeutenden Umfangs würden neu geschaffen. Mittelbarer Gewinn wären spätere Einsparungen für die Versorgung Suchtkranker und ähnlicher Ausfälliger mit allem Drum und Dran an Vorsorge und Nachsorge, womit der gesamte soziale Sektor wesentlich entlastet würde.

Unsere fällige Aufgabe ist es, die Jugend wieder an Gott heranzuführen. Dazu bedarf es keiner aufwendigen Veranstaltungen, keiner spektakulärer Programme; diese haben, wie die Vergangenheit lehrt, nichts Wesentliches bewirkt. Solche Aufwendigkeiten lenken vielmehr vom Wesentlichen ab. So empfinde ich persönlich die elektronisch verstärkte Gitarre im Gottesdienst als absolut untaugliches Mittel. Sie macht störenden Lärm. In heidnischer Zeit wurden mit Lärm böse Geister vertrieben.

Den Geist, der alles schafft, erfahren wir nur in der Stille. Mit der Einfalt des Kindes müssen wir uns ihm öffnen, dann wirkt er und bewirkt das Gute. Dann ist der Himmel offen.

Ich glaube an Gottes Geist, mit dem wir in seiner Schöpfung als sein berufenes Ebenbild in Ewigkeit verbunden sind.

*

Deshalb bekenne ich:

Was Gottes Geist in weiser Absicht sich hat vorbehalten:
den Sinn zu wecken für die hehre Unschuld der Natur,

in freier Wahl uns einzuordnen in des Schöpfers
ewigliches Walten,
aus aller Vielfalt zu erkennen seine zarte Spur,
die uns bewegen soll, sein Werk vor unheilvollem Umgang
zu bewahren,
zu eignem Nutzen, sinnvoll und in gottgewollter Freud,
dies können wir alltäglich wundersam erfahren.
So ziemt uns Menschen, ihn zu loben und zu preisen
alle Zeit.

Mit diesem Lobpreis wollen wir alltäglich neu beginnen,
mit Herz, Verstand und Gottesliebe tief geprägt,
daß wir uns auf die Achtung Mensch vor Mensch
im Füreinander stets besinnen,
weil in dem Miteinander nur das Füreinander trägt.

TEIL 2

BESINNEN AUF BEWÄHRTES

UMKEHR IM DENKEN UND HANDELN TUT NOT

Vorwort

Als Jurastudent in den Jahren ab 1933 wurde ich täglich mit Hetzparolen, mit denen die Universitätsgebäude in Freiburg und Heidelberg beschmiert waren, konfrontiert. Drei Jahrzehnte später wurde mein Sohn als Jurastudent an denselben Universitäten mit ähnlichen Schmierereien konfrontiert.

Zu meiner Studienzeit damals wurden unsere bürgerlichen Freiheitsrechte von SA- und SS-Stiefeln niedergetrampelt. Zur Studienzeit meines Sohnes wurden die nach schweren, entbehrungsreichen Jahren wiedererlangten Freiheiten von Turnschuhträgern zu kriminellen Ausschreitungen mißbraucht – begleitet vom Verständnis und da und dort Wohlwollen linker Ideologen, die sich seitdem bei uns breitgemacht haben.

Die Duplizität dieser Ereignisse und zugleich ihre kausale Widersprüchlichkeit macht eine Untersuchung sinnvoll.

Ich habe die Zeitspanne von 1933 bis heute als Erwachsener mit wachem Sinn erlebt, nicht abgehoben in akademischer Beschaulichkeit, sondern mitten drin im Zeitgeschehen. Ich weiß, wovon ich hier schreibe, bin also insoweit auf keine Belehrung angewiesen, gleich von wem, gleich aus welcher Richtung.

Umkehr im Denken
und Handeln tut not

Das gesunde Bürgertum früherer Zeiten – begründet in der Ehrfurcht vor Gott und damit im Respekt vor dem Mitmenschen, in der wechselseitigen Fürsorge zwischen alt und jung, arm und reich – gibt es heute nicht mehr.

Durch die Nazi-Diktatur wurde die christlich fundierte Gemeinschaft aufgehoben und pervertiert in die sogenannte Volksgemeinschaft mit dem Führer, dem allein Gehorsam galt.

Die Folgen des Versailler Diktats – Armut, hoffnungslose Arbeitslosigkeit für Millionen, wirtschaftlicher Kollaps – waren die geeigneten Voraussetzungen, dem Führer Hitler mit seinen wohlfeilen, lautstarken Versprechungen, Arbeit und Wohlstand für alle zu schaffen, eine große Gefolgschaft zu sichern. Eine Menschenmasse aller Berufsgruppen, jeden Alters suchte allein Arbeit um jeden Preis, Abwendung schlimmster Not. Diese Menschen waren keine Nazis. Es waren Familienväter, Jugendliche, Männer und Frauen, allein besorgt ums Überleben, Menschen ohne Arbeit – Arbeitslosenhilfe oder ähnliches gab es nicht –, die jahrelang buchstäblich hungerten, viele verhungerten.

Die schreckliche Entwicklung hin zu Judenverfolgung, Massenmorden, Krieg und wiederum Elend für alle war das

Werk einzelner, verantwortungsloser Fanatiker, das waren die Nazis, denen sich aus Not, aber auch aus Opportunismus das Heer der mehr oder minder aktiven Mitläufer anschloß.

Ein nicht zu unterschätzender Teil deutscher Bürger zählte nicht zu den Vorgenannten. Diese gaben dem politischen Druck nicht nach, sie machten es sich schwer aus Gewissen; sie ließen sich ihren gewohnten Lebensrhythmus von niemandem nehmen; sie besuchten nach wie vor ihre sonntäglichen Gottesdienste und nahmen hierbei Bespitzelungen in Kauf, so wie sie nach wie vor bei Juden kauften, so lange dies möglich war. Sie trugen keine Parteiabzeichen.

Beamtete Familienväter verzichteten der Not gehorchend auf anstehende Beförderungen, junge Akademiker sahen ihre erstrebte Berufsbahn auf immer versperrt. Tapferen Widerstand leistete damals die katholische Priesterschaft in allen ihren Stufen, vom jungen Kaplan bis zum Würdenträger im Purpur, die vielen Klosterinsassen, ob Patres, Fratres oder Nonnen. Alle Genannten widersetzten sich dem Zeitgeist, viele von diesen mit übermenschlichem Mut, und zahlten dafür mit ihrem Leben. In diesen Kreis tapferer Christen gehört der bekennende Christ der evangelischen Kirche, Pastor Dietrich Bonhoeffer.

Mit dem Ende der braunen Diktatur haben wir keineswegs zurückgefunden zu einem zivilisierten Zusammenleben.

Statt in der gewonnenen Freiheit die verlorene Gemein-schaft wieder zu gestalten, sind wir seit den 60er Jahren linken Meinungsmachern auf den Leim gegangen: die neue Freiheit, die zu Bindungslosigkeit auf allen gesellschaft-lichen Gebieten führte.

Im Laufe der vergangenen fünfzig Jahre hat sich bei uns ein Wertewandel vollzogen, der in seinen Auswirkungen zu Besorgnis Anlaß gibt. Unseren Zeitgenossen mangelt es an der Grundvoraussetzung, die sie gemeinschaftsfähig macht: das unverzichtbare Kind-Jugend-Erlebnis in der Familie, worauf später noch eingegangen wird.

Ursache dieser Entwicklung ist die Emanzipation = das Aus-der-Hand-Nehmen in allen Lebensbereichen und damit der Verlust gegenseitiger Bindung.

So wurde die vernünftige Zielrichtung, mit Beseitigung alter, nicht mehr vertretbarer Vorstellungen die Selbstän-digkeit und damit Würde der Frau herzustellen, derart ver-formt, daß das Gegenteil des Ziels festzustellen ist: Die Lebensvorstellung und Lebensführung der modernen Frau – von rühmlichen Ausnahmen abgesehen – läßt den Hin-tergrund dieses ursprünglich angestrebten Ziels nicht mehr erkennen, nämlich die Frau als Ursprung und Mittelpunkt jeglicher menschlichen Gemeinschaft und damit aller Kul-tur.

Die wahre menschliche Gemeinschaft des Mit- und Füreinander ist degeneriert in eine Gesellschaft von Egos, die den Sinn für Gemeinwohl verloren hat und nur noch die eigenen, auf persönliche Belange gerichteten Ziele kennt.

Mit der Mutation der ursprünglichen Gemeinschaft zur beschriebenen Ego-Gesellschaft hat die Freiheit, wie wir sie als Grundlage des vom Sittengesetz verstandenen und vom Grundgesetz geschützten Rechts auf Menschenwürde verstehen, ihren Gehalt verloren.

Wir leben nicht mehr in der Freiheit, die ihre notwendigen Grenzen voraussetzt. Vielmehr ist der Staatsbürger beständig Willkürlichkeiten einzelner ausgesetzt, die ihm, unter Berufung auf eigene angemaßte Freiheiten, die Ausübung seines bürgerlichen Freiheitsrechts streitig oder gar unmöglich machen.

Während der vergangenen vier Jahrzehnte ist es linken Meinungsmachern gelungen – unterstützt durch ihre Medienmacht einerseits und eine wohlstandsbürgerliche, selbstzufriedene Gleichgültigkeit andererseits –, sich in gezielter Aufbauarbeit ein Forum zu schaffen, das Altbewährtes beseitigt und mit neuem Fragwürdigem eingetauscht und damit diesen Werteverfall geschaffen hat, der in seiner Tragweite kaum wahrgenommen wird.

Die Tugend, ein seit vielen Jahrhunderten gewachsener Begriff, in der Bedeutung »Zuverlässigkeit«, »Tapferkeit«, »Tauglichkeit«, »Streben nach sittlicher Lebensführung«, ist uns Heutigen verlorengegangen, unserer Jugend ist dieser Begriff unverständlich.

Gehorsam, Respekt, selbstverständliche Voraussetzungen des Mit- und Füreinander in Familie und Gesellschaft, wurden abgetan als sekundäre Tugenden, die unserem Fortschritt im Wege stehen und deshalb keine Gültigkeit mehr haben können.

Die Selbstfindung wurde das verhängnisvolle Schlagwort, unter dem die Entwicklung der Verwahrlosung gar so vieler junger Menschen begann, eine Entwicklung, die – ganz abgesehen von den nie mehr gutzumachenden körperlichen und geistigen Schädigungen – unseren Sozialetat jährlich mit vielen Millionen DM belastet.

Im Zuge dieser gelenkten Entwicklung fühlt sich der moderne, aufgeschlossene Mensch an nichts mehr gebunden; er negiert alle Regeln, die ihn einschränken könnten. Die Frage nach dem Sinn des Lebens wird erst gar nicht gestellt, sondern ersetzt durch die Feststellung: Das Leben muß mir Lust bringen, sonst nichts.

Als Folge dieses modernen Hedonismus haben die Begriffe »Moral«, »Recht«, »Gerechtigkeit«, »Ordnung«, »Fürsorge« immer mehr an Bedeutung und damit ihre unverzichtbaren Verbindlichkeiten verloren (siehe hierzu S. 75 ff.).

Das einmalige Faktum der Judenverfolgung und deren grauenhafte Vernichtung wird zum verhängnisvollen Anlaß genommen, diese schweren Verbrechen von den Verbrechen gleicher krimineller Schwere abzugrenzen, wie sie unter dem Kommunismus bis in unsere Tage begangen wurden und werden. So wurde den Frauen und Männern, die ihren tapferen Widerstand gegen Naziterror mit dem Leben bezahlten, mit Recht und Genugtuung Denkmale gesetzt. Den Frauen und Männern, die gleichen tapferen Widerstand gegen kommunistischen Terror und Verbrechen mit ihrem Leben bezahlten, wird diese Ehrung bis heute verweigert, weil man Kommunisten gegenüber immer wieder Verständnis und gar Wohlwollen zeigt.

Opfer dieses Wohlwollens sind die vielen tapferen NS-Widerstandskämpfer, die das Pech hatten, DDR-Bürger zu sein.

Bei der sogenannten Bodenreform 1945/1946 wurden diese mit ihren Familien völlig enteignet, als Nazi-Aktivisten, Junker, Kapitalisten, Kriegsverbrecher zu Zwangsarbeit verpflichtet – Kinder und Greise nicht ausgenommen –, viele von ihnen wurden in die Sowjetunion deportiert.

Dieses himmelschreiende Unrecht ist bis heute nicht gesühnt, den Entrechteten wird nach wie vor die Rückgabe ihres geraubten Eigentums verweigert, weil im Einigungsvertrag von 1990 die Sowjetunion auf diesem Status quo bestanden hätte, was einwandfrei durch prominente russische Zeitzeugen widerlegt ist.

Diese erbärmliche Haltung gegenüber Verbrechern und deren Opfern zeigt eindrucksvoll das politische Gebändel mit der PDS und vor allem der höchstrichterliche Spruch, wonach alte Stasifunktionäre nicht nur heute als Beamte behandelt, sondern deren Gehälter noch angehoben wurden, während überfällige Geldersatzansprüche der Opfer dieser Machthaber (Angehörige Ermordeter, an Gefängnisstrafen schwer Geschädigte) schon dem Grunde nach abgewiesen wurden.

Während mit den Naziverbrechen im Nürnberger Prozeß und in weiteren Strafverfahren nach menschlichen Maßstäben abgerechnet worden ist, blieben die Verbrechen der SED (PDS)-Kommunisten, von unbedeutenden Ausnahmen abgesehen, bis heute ungesühnt. Sie blieben der Gesamtheit der Bevölkerung auch meist unbekannt, weil sie wissentlich verschwiegen wurden, mit der Folge, daß den jüngeren Zeitgenossen die Greueltaten, die damals in der DDR zum Alltag gehörten, kaum bekannt sind.

Nur noch wenige Zeitgenossen wissen, wie durch Zwangsadoptionen ganze Familienbande zerstört wurden, wie Häftlinge freigekauft werden mußten, wie Hinrichtungen aus erzieherischen Gründen stattfanden.

In der Dokumentation der IGFM (Internationale Gesellschaft für Menschenrechte) ist von zweihundert ihrer Mitglieder, die selbst als Gefangene freigekauft werden mußten, festgehalten, wie planmäßig Haßerziehung betrieben, die Jugend vormilitärisch gedrillt wurde, wie Geistesschaffende, vor allem Richter und Rechtsanwälte, zu Parteilichkeit unter Strafandrohung verpflichtet waren, von planmäßiger Begünstigung des internationalen Terrorismus, der Vorenthaltung innerdeutscher und internationaler Freizügigkeit, Zwangsausweisungen und weitere schwere Verbrechen, die unzählige Menschen für immer um ihr Lebensglück gebracht haben.

Wer weiß denn heute noch von den Morden an Gegnern des kommunistischen Regimes in der DDR, deren Enteignungen ganzer Familien, von den Mauertoten, die nichts anderes suchten, als in Freiheit zu leben?

So wird die Erinnerung an die Naziverbrechen vor sechzig Jahren unter völliger Negierung der Verbrechen kommunistischer Diktatoren von den Medien bei allen möglichen Gelegenheiten dem deutschen Bürger derart eingehämmert, daß er ein ständiges Schuldgefühl aller Welt gegenüber kaum mehr verliert. Diese Regie von links ist aufgegangen: Die brutalen Morde an Buback, Schleyer, Zimmermann, Beckurts, von Braunmühl und Herrhausen in den Jahren 1972 bis 1989 sind nur mit dem verklemmten Rechtsbewußtsein zu verstehen, daß diese schweren Verbrechen doch irgendwie eine Rechtfertigung hätten.

So führten die schweren Körperverletzungen an Polizeibeamten durch gezielte Steinwürfe und Fußtritte in den Leib der zu Boden geboxten, waffenlosen Polizisten und das von vielen erbärmlichen Zeitgenossen geteilte Verständnis für die klammheimliche Freude an den Morden der genannten verdienten Persönlichkeiten nicht etwa zum Verlust der Bundesministerposten der Betroffenen. Nein – mit dem Argument, durch diese ihre jugendlichen Aktivitäten hätten sie an der Entwicklung unseres demokratischen Staatswesens wesentlichen Anteil, wurden sie in ihren Ämtern besonders bestätigt. Eine läppisch erklärte Entschuldigung ohne jede erkennbare Einsicht genügte schließlich als offizielle Begründung dieser Entscheidung.

Diese Eingriffe in die eigenständige Bildung des Rechtsbewußtseins haben zugleich zum Verlust eines allgemein verbindlichen Wertegefühls geführt.

Was bedeuten denn noch die hehren Worte »dem Wahren – Guten – Schönen«, die die Portale unserer Musentempel zieren, wenn drinnen Gott gelästert, verhöhnt, die Gottesmutter Maria entwürdigt wird und die Apostel als Trunkenbolde erniedrigt werden, wie es ordinärer nicht mehr darstellbar ist. Ich spreche von dem Theaterstück CORPUS CHRISTI, aufgeführt in einigen deutschen Großstadt-Theatern. Ein einzelner katholischer Pfarrer konnte mit seiner privat organisierten Bürgerinitiative die Aufführung dieses Skandalstücks in Pforzheim verhindern. Die Offiziellen beider christlicher Konfessionen, die zu lautstarken Protesten von Amts wegen Berufenen, haben geschwiegen.

Schweigen sollten diese über politische Themen, weil ihnen hierzu die Kompetenz fehlt. Ein solches politisch differenziertes Thema stellt unser Umgang mit Ausländern und Asylanten dar, mit dem Faktum, daß nach wie vor an den in Deutschland begangenen Verbrechen Ausländer in unverhältnismäßig hohem Maße beteiligt sind (siehe hierzu S. 70 ff.).

Der Werteverfall hat in allen Lebensbereichen nicht Halt gemacht und vielfach die Freiheit zu eigenem Denken und eigener Begriffsbestimmung genommen und bequemem Einschwenken in den Zeitgeist Platz gemacht. So ist es gelungen, einem breiten Publikum fast nur noch Plattheiten und Ordinäres im Fernsehen und auf Bühnen als neues Kulturgut vorzusetzen, was unsere Programme mit nur noch Sex, Verbrechen und anderen Gemeinheiten vor Augen führen, von einigen herausragenden, erstklassigen Darbietungen altgewohnter Art abgesehen, die diese Regel nur bestätigen.

Unter dieser modernen Kunstauffassung werden Werke großer Meister in Sprache und Musik oft ihrer ursprünglich angemessenen Form und auch des Inhalts entleert, so daß vom Geist und der Wirkung des Originals nichts mehr zu spüren ist.

Dieser gedankenlose Unfug ist auch da und dort in katholischen Gottesdiensten festzustellen, wo zugunsten des Fortschritts auch im kirchlichen Bereich auf alte, erhabene Liturgie in Sprache und Musik verzichtet und damit der treffende Ausdruck der Transzendenz genommen wird. An die altgeübte Hingabe an Gott, die Bewegung des Menschen nach oben, ist vielerorts die moderne Forderung getreten, daß Gott sich zu uns nach unten zu bewegen habe, um ihm in unseren irdischen Vorstellungen zu begegnen. Dementsprechend wird auch im Gotteshaus der erhabene Klang der Orgelmusik vielfach ersetzt durch muntere Gitarrenklänge, die anspruchslos alle Ohren erreichen und – vor allem der Jugend – Spaß machen sollen. Also auch im Gottesdienst soll Spaß herrschen.

Zu diesem Gedankenspektrum gehört die Überlegung, daß auch die Ehe Spaß machen muß; da sie ihrem Wesen nach auf Lebenszeit angelegt ist, muß sie notwendigerweise bald scheitern, weil bekanntlich jeder Spaß irgendwann ein Ende hat. In dieser Logik scheitert heute fast jede zweite geschlossene Ehe, oder Ehen werden kaum noch eingegangen. Gewählt wird heute der Lebensgefährte/die Lebensgefährtin, eine herrlich bequeme Art des Zusammenlebens ohne Risiko, ohne Verpflichtung, ein Triumph der »Menschenwürde in Freiheit«.

Spaß machen muß schließlich Schule, Hochschule, Universität. Um dem nachzukommen, werden seit Jahrzehnten die Anforderungen an den genannten Einrichtungen derart gering gehalten, daß deutsche Hochschulen und Universitäten ihre vor vielen Jahren unbestrittenen Spitzenpositionen verloren und mit unteren Rängen eingetauscht haben. Reformvorschläge hochrangiger Hochschulwissenschaftler, mit dem Ziel, an diesen Anstalten Eliten heranzubilden, scheitern immer wieder am Widerstand der modernen Kollegen, die Universitäten und Hochschulen einer breiten Studentenschaft öffnen wollen und Eliten-Bildung als heute nicht mehr vertretbare Arroganz beurteilen und deshalb von vornherein ablehnen.

Hierbei wird völlig verkannt: Geistige Elite allein schafft gesunde Konkurrenzfähigkeit auf dem Weltmarkt, und nur diese bringt Reichtum und Wohlstand, mit dem allein die sozialen Bedürfnisse zu befriedigen sind; Eliten dienen also in höchstem Maße sozialen Aufgaben.

Die Geistlosigkeit mit der eine Reformierung unserer deutschen Hochschulen und Universitäten betrieben wird, findet ihren Höhepunkt in der Zentralstelle für Vergabe von Studienplätzen, der ZVS. Hier wird mit hohem bürokratischem und damit entsprechend hohem finanziellem Aufwand eine breite geistige Mittelmäßigkeit bedient, während einer leistungswilligen geistigen Auslese ihre angemessene Ausbildung notwendig versagt bleibt.

Multimillionen Steuergelder werden seit vielen Jahren

damit vergeudet. Diese Investitionen sind nicht nur ohne Erfolg; sie verkehren das Ziel einer wahrhaften Reform genau in ihr Gegenteil.

In einem Gestrüpp von Unverbindlichkeiten, Widersprüchen, Halbwahrheiten, platten Lügen, ohne Ziel und daher ohne Richtung, leben wir Zeitgenossen, einzig darum bemüht, unsere materiellen Güter beständig zu mehren. Jeder lebt für sich selbst – den Mitmenschen, den Nächsten, dem man sich zuwendet, gibt es nicht mehr; nur dann, wenn er persönlich von Nutzen ist, wird er interessant und in Anspruch genommen.

Ein Blick in unsere Öffentlichkeit zeigt, wie grundlegend die frühere Gesellschaft, die durch ihre gewachsenen Eigentümlichkeiten Stadt und Land prägte, sich verloren hat in eine Masse von Individuen, zerrissen, ohne Bindung, ohne Verantwortung füreinander.

Einer älteren Dame den Vortritt lassen, ihr im überfüllten Bus den eigenen Sitzplatz frei machen und anbieten, einem Behinderten in den Mantel helfen, am Eßtisch abwarten, bis man an der Reihe ist, ganz allgemein, älteren Personen mit Achtung, Respekt und Freundlichkeit begegnen und ihnen ggf. zuhören und nicht ins Wort fallen, all das waren einmal Selbstverständlichkeiten, die überall geübt wurden, in Familie, Gesellschaft, vornehmlich in der Schule dem Lehrer und Erzieher gegenüber.

Die wenigen, die sich an diese allgemeinen Übungen nicht hielten, nannte man mit Recht »Rüpel«. Heute bilden diese Rüpel die große Mehrheit der Jungen; das sind die Cleveren, die überall den Ton angeben, während die Stillen, die noch Anstand besitzen, als die Dummen gelten und im Hintergrund bleiben.

Die steigende Zahl jugendlicher Drogentoter, von Mord- und Totschlagdelikten unter Jugendlichen, Kinderschändungen, Sexualverbrechen, wie wir dies täglich erleben müssen, sind doch nur letzte Konsequenz unserer überzogenen Freiheitspraxis, die unserer Jugend jede gesunde Ausrichtung verwehrt.

BESINNEN AUF BEWÄHRTES

Da stellt sich doch wohl für jeden mit gesundem Verstand irgendwann die Frage nach dem Sinn des Lebens, gleichbedeutend die Frage: Was ist der Mensch?

Wer das Weltall mit unserem Erdplaneten lediglich als physikalisches Ereignis versteht, als kosmischen Zufallstreffer, der wird auf diese Sinnfrage keine Antwort finden.

Wer jedoch überzeugt ist, daß die Existenz des Menschen die Schöpfung voraussetzt und diese den Schöpfer und daß der Mensch innerhalb der Schöpfung unter den Geschöpfen durch seinen freien Willen und Verstand eine herausgehobene Stellung einnimmt, der ihn diese Zusammenhänge erkennen läßt und ihn entsprechend seinen geistigen Fähigkeiten in die Pflicht nimmt, und wer mit mir spürt, daß dieses Werk Gottes einmalig sinnvoll, gut und einzigartig schön ist, der wird mit mir in unseren Tagen eine zunehmende Dissonanz im Verhältnis Mensch zu Gott und der Menschen untereinander feststellen, einen Widerspruch zum Schöpferwillen.

Sinnerfülltes Leben kann also nur bestehen im ständigen Bemühen, unser diesseitiges Leben mit unseren bemessenen Kräften nach Gottes Ordnung auszurichten, im Bewußtsein menschlicher Schwächen und Fehlerhaftigkeit, denen wir ständig ausgesetzt sind.

Diese Einsicht in unsere Unzulänglichkeit bewahrt uns vor der Hybris, der Erbsünde, dem verhängnisvollen Irrglauben, wir Menschen hätten alles im Griff ohne ihn. Sie verlangt zugleich Orientierung, Streben nach Licht, nach Erkenntnis.

Bewährtes wird deutlich im Maß an dem, was sich nicht bewährt hat. Für beides erteilt uns die Geschichte heilsame Lektionen.

Der Ausspruch des Dichters Horaz »Macht ohne Geist stürzt durch die eigene Wucht« galt nicht nur den zeitgenössischen Imperatoren.

Wir Älteren haben die Aktualität dieser Mahnung allzu deutlich beim Sturz der beiden Diktatoren im vergangenen Jahrhundert erfahren.

Geistlose Machthaber werden auch in der Zukunft stürzen und in der Geschichte ohne wegweisende Spuren verschwinden.

Ein Blick in die Vergangenheit zeigt uns ebenso deutlich Zeitspannen, in denen hoher menschlicher Geist machtvoll vielen Generationen Wohlstand, Glück und wahren Fortschritt gebracht hat, der in unsere Tage hineinwirkt.

Dieser hohe Geist gründet in tiefem Glauben an Gott, von dem alles Wahre, Gute, Schöne ausgeht.

»Zuerst Gott, alles andere wird dazugegeben«, war die Prämisse des heiligen Benedikt, unter die er sein Lebenswerk stellte. Seine Ordensregel *Ora et labora et lege* galt für ihn und seine Mönche in täglichem Gebet und anschließender Arbeit jeglicher Art und geistlichem Studium.

Während es in der alten Welt der Griechen, Römer und Germanen eines freien Mannes unwürdig war, Handarbeit zu leisten – das war Sache der Unfreien –, hat Benedikt seine Mönche hierzu mit eigenem Vorbild angehalten. So waren die Klöster Ausgangspunkte für Handwerk und Landwirtschaft, Kunst und Wissenschaft. Die Mönche waren es, die ihren Mitmenschen geregelte und gediegene Arbeit beibrachten. Hierauf allein beruht der wissenschaftliche und technische Fortschritt Europas, von dem die ganze Welt profitierte.

Unter dem Einfluß der Mönche und im Zusammenwirken der Bischöfe, Fürsten und später der freien Reichsstädte entstanden Gotteshäuser, die jeweils Mittelpunkt der Städte waren. Noch heute sind diese Dome, Kathedralen und Klöster Anziehungspunkte und Sehenswürdigkeiten.

Bis in die Neuzeit hinein fanden Unterricht und Erziehung nur in den Dom- und Klosterkirchen statt.

Wissenschaft wurde betrieben – und fand ihren Höhepunkt – in den unter wesentlicher Mitwirkung der Kirchen gegründeten Universitäten. Theologie und Philosophie waren die Grundlehren.

Agricultura: Obst-, Wein- und Getreideanbau wurde von

den Benediktinern, später den Zisterziensern betrieben und den Mitmenschen beigebracht.

Das ganze Buchwesen, die Überlieferung der antiken Schriftsteller wurde durch die klösterlichen Schreibstuben in die Neuzeit hineingetragen.

Albertus Magnus hat eine erste *Summa* der weltlichen Dinge geschrieben, ein naturwissenschaftliches, wegweisendes Werk.

Hildegard von Bingen nennt man die erste Apothekerin.

Der Augustiner-Mönch Johann Mendel entdeckte die grundlegenden Gesetze der Vererbung.

Die Dome und Kathedralen, die unsere Städte als einmalige Kunstwerke auszeichnen, gäbe es ohne die Kirche nicht. Die Kirche war und ist noch heute großer Auftraggeber für Malerei und gestaltende Kunst, was der »Aschermittwoch der Künstler« in unseren Tagen deutlich macht, der in allen Bischofsstädten alljährlich viele namhafte Künstler anzieht.

Ohne die Liturgie der Kirchen gäbe es keine Orgelmusik und großen Messen.

Während im antiken Griechenland die *harmoneia* – in Sprache und Architektur deutlich gemacht – das Weltbild prägte und die *civitas* Ausdruck staatlicher Ordnung im alten Rom war, hat das Christentum die *caritas* in den Mittelpunkt seines Denkens und Handelns gerückt und damit das Abendland geprägt.

Barmherzigkeit ist erst durch das Christentum in die Welt gekommen; die allein von den Klöstern betriebene Nächstenliebe kannte die Antike nicht. Krankenpflege, Hospitäler, Krankenpflegeorden waren bis in die Neuzeit hinein die einzigen Träger der Krankenfürsorge, erst recht der Armenpflege.

Menschenwürde, Recht auf Leben und Unversehrtheit und das Recht auf Gewissensfreiheit sind durch das Christentum in unsere europäische Welt gekommen.

Hat diese Beschäftigung mit vergangenen Jahrhunderten für uns Moderne, die wir per Knopfdruck mit der ganzen Erde akustisch und optisch verbunden sind, die wir nicht nur in romantischer Schwärmerei »nach den Sternen greifen«, sondern von diesen buchstäblich Besitz ergreifen, noch Bedeutung?

Ist diese Rückbesinnung mit der *ratio* noch vereinbar, oder ist sie Relikt vergangener Zeiten, allenfalls geeignet für schöngeistige Plaudereien?

Eine solche Beurteilung wäre einem Kommunisten, der sein Paradies immer noch auf Erden sich einrichten will, angemessen. Einem auf Gott bezogenen, religiösen Menschen, der sein Weltbild in der göttlichen Ordnung und seiner Zuordnung zu ihr sieht, hält sie nicht stand.

Geschichte wiederholt sich nicht. Sie ist, sie war und sie wird enden; sie ist nicht zurückzuholen. Jeder Zeitabschnitt hat seine eigene Fassung im großen Weltgeschehen.

Was uns Zeitgenossen aber bleibt, ist unser Verstand und unser freier Wille, aus der Geschichte zu lernen: alles zu vermeiden, was der Menschheit Schaden brachte, und dort aufzubauen und von dort fortzuschreiten, wo gediegenes Fundament geschaffen wurde.

Was uns Menschen des angebrochenen Jahrtausends an Schaden zugefügt wurde, dafür mußten wir bitter bezahlen.

Ein gesundes Fundament zum Aufbauen und Fortschreiten hat allein das Christentum geschaffen. Es liegt an uns, auf diesem Vermächtnis aufzubauen und in unsere Zukunft zu schreiten. Wir müssen dem Gestrüpp der Willkürlichkeiten, der reinen Zweckmäßigkeiten, der Unordnung entrinnen und zurückfinden in die *Ordo divina*.

Alle menschliche Ordnung und Regel muß Reflex göttlicher Ordnung sein; nur diese hat Bestand, weil sie menschlichen Unzulänglichkeiten nicht unterworfen ist.

Das bedeutet eine entschiedene Absage an alle menschlichen Systeme, die ohne Bindung an Gott und gegen seinen Willen ihre Macht aufbauen und ausüben.

Dies führt zur Besinnung auf die ursprüngliche – naturgegebene – Form menschlicher Gemeinschaft, auf die Familie, getragen vom lebenslangen Ehebund der Eltern.

Dort allein erfährt der Mensch in seinen entscheidenden ersten Lebensjahren Geborgenheit, Zuneigung, Lebenssinn und Lebensfreude, wie auch die Notwendigkeit gegenseitiger

Rücksicht, die ersteres voraussetzt als die unverzichtbaren Reifevoraussetzungen, die ihn zum Mitmenschen machen, der sich seiner Verantwortung für das Gemeinwesen bewußt ist und hierfür seine ihm gegebenen Fähigkeiten einsetzt.

Die Institution »Ehe« ist einmalig. Alle Versuche, andere Lebensformen unter den Geschlechtern zu schaffen, um einerseits im Zeichen des Fortschritts jedem Partner seine »menschenwürdige« Freiheit zu sichern und andererseits dem Ganzen die Form der Legitimität mit dem Anstrich der Eheähnlichkeit zu geben, müssen scheitern, weil diesen Formen die lebensnotwendige Bindefähigkeit fehlt, die nur die gesegnete Ehe bietet.

Dies gilt insbesondere dem Projekt, Gleichgeschlechtlichen eine eheähnliche rechtliche Stellung zu bieten. Dieser bereits begonnene Versuch wird sich irgendwann als Widerspruch in sich erledigen.

Die herausgehobene Rolle der Frau in Ehe und Familie ist ihrem Bestreben nach gleicher Berechtigung mit dem Mann gewichen. Im Konkurrenzkampf um die sogenannte Gleichberechtigung begibt sich die Frau ihrer wesentlichen Anlage als Mutter, Mittelpunkt der Familie, dem Ursprung aller Kultur, ohne etwas zu gewinnen, was sie ohnedies mit dem Mann gleich hat: die Intelligenz.

Beides, Herz und Verstand, ist in vernünftige Zuordnung zu bringen. Bei dieser Gewichtung muß der Mutterrolle der

Vorrang gelten vor der Bedeutung ihres zivilen Berufs – hier müssen der Berufung als Mutter, die sie dem Manne voraushat, die Belange ihres Berufes folgen.

Die Frage kann deshalb nicht lauten, wie vereinbare ich meine Mutterrolle mit meinem Beruf, sondern umgekehrt: Wie vereinbare ich meinen Beruf mit meiner Berufung als Mutter, ohne diese zu vernachlässigen?

Beispielgebend, wahrhaft fortschrittlich sind gottlob viele gesunde Familien festzustellen, in denen beide Partner dieses Problem mit viel Herz und Verstand lösen und damit für ihren Teil zur Sicherung einer hoffnungsvollen Zukunft beitragen.

Während ich diese Gedanken über die notwendigen Voraussetzungen einer hoffnungsvollen Zukunft zu Papier bringe, erleben wir alle den 11. September 2001.

Schrecken, Furcht und trotzige Trauer über Tausende unschuldiger Menschenopfer lähmen uns. Die weltweite Suche nach den Schuldigen, den Mördern und ihren Hintermännern, tägliche Medienberichte über die unmittelbaren und mittelbaren Ursachen dieser Schreckenstaten lösen die Lähmung allmählich ab.

Die von den unheilbringenden Flugzeugen an Körper und Seele getroffenen Menschen, das ganze betroffene Volk der Amerikaner findet in gemeinsamem Schmerz zusammen. Diese eindrucksvolle Geschlossenheit und ebensolche Entschlossenheit der amerikanischen Führung, den Feind zu stellen, um weitere rechtswidrige, lebensbedrohende Angriffe mit allen notwendigen Mitteln abzuwehren – also keinen Rachefeldzug zu führen, sondern unter größtmöglicher Minderung unschuldiger Menschenopfer den Feind unschädlich zu machen –, findet bei allen Friedliebenden ungeteilte Zustimmung.

Amerika findet in dieser schweren Phase seiner Geschichte unerwartet viele, die sich auf seine Seite schlagen, darunter einstige Gegner, viele Überläufer aus dem feindlichen Lager – zum Glück, denn nur auf diese Weise sind weitere Angriffe dieses Feindes gegenwärtig mit Erfolg abzuwehren.

Daß mit solcher notwendig durchgeführten Abwehr alles Menschenmögliche getan sein sollte, um endlich zu beständigem Frieden zu gelangen, wäre eine allzu vordergründige Überlegung.

Die vergangenen Jahrzehnte haben uns immer wieder vor Augen geführt, daß kriegerische Handlungen mit militärischer Gewalt niedergeschlagen wurden und ebenso immer wieder neue Kriegsherde entbrannten mit immer wieder den gleichen, unschuldigen Menschenopfern, gleichen Schrekken, Hoffnungslosigkeit für gar so viele.

Damit leben wir und begnügen uns mit der allseits bekannten Floskel: Solange es Menschen gibt, wird es Kriege geben, das ist der Menschen Schicksal.

In diesem Gedankenstrudel beschäftigen sich viele Mitbürger in diesen Tagen mit dem Islam. Experten, jedenfalls solche, die sich für Kenner des Islam halten, bieten uns Analysen des Islam im Vergleich zu anderen Weltreligionen.

Die Kenntnisse dieser Fachleute der Weltreligionen kommen mit ihren oft reißerischen, halbwahren Thesen in der Öffentlichkeit gut an. Was man bei solchen Diskussionen vom Christentum zu hören bekommt, ist meist kümmerlich, weil das Wesentliche unserer christlichen Religion, unseres Glaubens – aus Unkenntnis oder feigem Ausweichen – nicht genannt wird, weil man als moderner Mensch zum Wesentlichen nicht mehr steht, nicht mehr stehen kann, weil unser christlicher Gottesbegriff – Gott Vater, Gott Sohn, Gott Heiliger Geist, ein Gott in drei Personen – der Ratio des Menschen im dritten Jahrtausend nicht mehr zumutbar ist.

Statt vergeblich nach Gemeinsamkeiten mit dem Islam zu suchen, sollten wir zurückfinden zu den Grundwerten, auf denen das Christentum beruht und sich immer wieder in großen sozialen und kulturellen Leistungen zum Segen der Menschheit bewährt hat, nämlich zu Wahrheit und Liebe.

Denen, die in schrecklicher Zerstörung sich selbst gemordet und Tausende unschuldiger Menschen in den Tod gerissen haben und sich »Krieger Gottes« nennen, haben wir Christen uns als Kinder Gottes entgegenzustellen, die im Streben, nach Gottes Geboten zu leben, ihren Lebenssinn zu erfüllen trachten.

Der aufgeschlossene Mensch unserer Tage in seiner Ignoranz und Arroganz will nicht mehr wahrhaben, daß alles absolut Wahre, Gute, Schöne allein von Gott kommt und daß nur der Glaube uns zu dieser Einsicht führt. Nur im Glauben sind wir in der Lage, die Geheimnisse der Schöpfung, der sich stets wandelnden Natur, ihre Schönheit und Erhabenheit im ganzen Umfang zu empfinden; für die Ratio sind sie unerklärlich.

Uns Zeitgenossen gilt nur noch das Faktum, das vom Menschen Hergestellte. Das Mysterium, der Mythos, Ursprung aller Kulturen, die höchste Werte geschaffen haben, ist uns fremd geworden. Damit haben wir die Fähigkeit zur Transzendenz, des Hinüberschreitens zu Gott, und damit die Orientierung nach beständiger Ordnung verloren.

In der Besinnung auf Bewährtes finden wir die Antwort auf die Sinn-Frage unseres Lebens. Die von uns Menschen verursachte Unordnung in der Welt mit ihren schrecklichen Auswüchsen, die wir in diesen Tagen in besonderem Maße erfahren, muß von uns Menschen beseitigt werden; Ordnung in allen Dingen, auf allen Ebenen muß wieder her.

Die bisher angewandten Mittel zur Schaffung einer allgültigen Ordnung sind unzureichend, haben keinen Bestand.

Eine weitere Perspektive, die von hoch oben eine umfassende Übersicht verschafft, die Ordnung für alle Menschen und damit wahren Fortschritt für alle anstrebt, ist vonnöten, eine Ordnung, die sich nicht mit der Regulierung und Verteilung materieller Güter begnügt und sich sozial nennt, auch keine Ordnung, die sich human gebärdet und sich christlich nennt.

Die Jahrhunderte der Blüte, die der ganzen Welt damals materiellen Wohlstand und hohe Kultur, Glück und allseitigen Frieden bescherten, sind vorbei. Die Feststellung *Tempora mutantur et nos in eis mutamus* galt den Menschen damals, wie sie uns heute gilt.

Der heilige Benedikt von Nursia, den wir den Großen nennen, hat zusammen mit seinen christlichen Glaubensbrüdern, seinen Mönchen im 5./6. Jahrhundert seine Zeit verändert, von Grund auf geändert zum Guten mit den bescheidenen Mitteln, die ihm damals verfügbar waren. Mit seinem Leitwort »Zuerst Gott, alles andere wird dazugegeben« hat er eine lange, glückliche Zeitspanne geprägt.

Seiner Zeit war er weit voraus, er war fortschrittlich in vollem Wortsinn.

Was hindert uns heute daran, unsere modernen Technika auf allen gegebenen Ebenen zu gleichem Fortschritt in die Zukunft zu nutzen? Materielle Mittel hierzu stehen uns in Fülle zur Verfügung. Seit Mitte des vergangenen Jahrhunderts ist unser Wohlstand, wie er heute verstanden wird, beständig gewachsen; in gleichem Maße ist andererseits die Armut in der Welt gewachsen. Die Verwahrlosung in Armut wurde begleitet von der Verwahrlosung im Überfluß. Mit der Fixierung auf Geld, Reichtum, Macht, als Voraussetzungen der Persönlichkeit, sind die geistigen Güter verkümmert. Dem materiellen Fortschritt, der damals dringend geboten war, weil er uns aus Trümmern und Elend heraushob, fehlte die geistige Komponente.

Nach alledem kann nur eine grundlegend geistige Wende uns Heutigen in eine sichere, hoffnungsvolle Zukunft führen. Weil gesunde Zukunft eine körperlich wie geistig gesunde Jugend voraussetzt, muß es unser Ziel sein, mit allen hierzu gegebenen Mitteln eine lebenstüchtige Jugend heranzuziehen und zu -bilden. Hier ist ein Vakuum zu füllen, das in der permanenten Vernachlässigung dieser zukunftsträchtigen Aufgabe entstanden ist.

Wir müssen Abschied nehmen von der verunglückten Freiheitsvorstellung unserer Tage, in die uns jene Freiheitskämpfer der 68er Jahre hineinmanövriert haben. Dazu müssen wir den Mut aufbringen, der Jugend die Tugenden abzuverlangen, die allein zu menschenwürdiger Freiheit führen, und diese Tugenden vorzuleben. Dieser Prozeß vollzieht sich nicht von selbst im freien Raum. Vielmehr ist er gebunden an Voraussetzungen, die wir in Familie, Schule und christlichen Kirchen finden. Schwierigkeit bietet die Tatsache, daß auch auf diesen drei Gebieten der Zeitgeist nicht haltgemacht, die Fundamente dieser Einrichtungen beschädigt und damit ihre Funktionsfähigkeit geschmälert, wenn nicht gar genommen hat.

Die Antwort auf die oben gestellte Frage, was uns heute zu gleichem Fortschritt wie damals hindert, ist der mangelnde Glaube an und das fehlende Vertrauen auf Gott und seine ewig gültige Ordnung in seiner Schöpfung und damit die fehlende Einsicht, daß nur diese Ordnung menschenwürdiges Leben möglich macht.

Lassen wir uns inspirieren von denen, die in dieser umfassenden Einsicht Werte schufen, die der ganzen Menschheit zum besten dienten. Diese Ordnung beruhte auf Autorität. Man baute also auf Menschen, deren Ansehen auf Leistung und Erfahrung beruhte, die deshalb Achtung verdienten. Diese Persönlichkeiten dienten als Vorbild.

Mit der zum Zuge gekommenen antiautoritären Erziehung wurden diese Vorbilder vernichtet. Abhandengekommene Autorität hat den Eltern ihre erzieherischen Funktionen genommen, wie sie andererseits dem Kind die Bereitschaft zum Gehorsam genommen hat. Der unverfälschte Begriff »Autorität« als Vorbild wurde verzerrt in das Bild des introvertierten, machtbesessenen Menschen. Demzufolge sind Eltern alter Schule, die ihre Erziehung auf

Autorität aufbauen, für moderne Erziehungsmaßnahmen, die dem Jugendlichen unangemessene Freiheiten zu seiner »Selbstfindung und Persönlichkeitsbildung« einräumen, untauglich geworden.

Die Folgen dieser modernen Erziehung, die mit dem Verlust der Autorität das Wesentliche der Familie und damit das Wesen der Gemeinschaft eingebüßt hat, sind nicht zu verkennen.

Die Rolle des Vaters wurde auf seine Unterhaltsverpflichtungen dem Kind und der Gattin gegenüber reduziert, wie die Rolle der Mutter auf die Aufgabe reduziert wurde, das leibliche Wohl des Kindes sicherzustellen. Die naturgegebenen, unaustauschbaren Beziehungen zwischen Vater, Mutter und Kind sind in reine Rechtsbeziehungen zueinander verkommen, mit gegenseitigen finanziellen Ansprüchen und deren Erfüllung.

Zum Glück bewahrt gesunder Verstand viele verantwortungsbewußte Eltern davor, dieses moderne Erziehungsspiel mitzumachen. In dem Bemühen, ihre Kinder zu lebenstüchtigen Mitmenschen zu erziehen, stehen diese Eltern meist allein. Sie finden nicht mehr den notwendigen Halt und die notwendige Orientierung bei ihren Seelsorgern, weil auch diese vielerorts, dem Zeitgeist unterworfen, wenig für die Seele noch zu bieten haben, sie begnügen sich mit humaner Nahrung. Die geistliche Leere in vielen Gottesdiensten ist der Grund für leere Gotteshäuser, das fehlende geistliche Angebot ist meist Ursache für die zunehmenden Kirchenaustritte. Anstatt auf diesem wichtigen Gebiet mit ihrer herausragenden Kompetenz gegenzusteuern, aus dem »Buch der Bücher« zu schöpfen und zu lehren, versuchen viele Pastoren, ihre verlorenen Schafe mit einem Überangebot von Aktionen, allen möglichen Veranstaltungen und Neuerungen zurückzugewinnen, die als völlig untaugliche Mittel mehr vom Wesentlichen ablenken als daß sie dort hinführen.

Wie viele fromme Christen haben wohl den Rest ihrer kirchlichen Bindung mit der Einführung der Homo-Ehe und deren Segnung durch evangelische Bischöfe verloren?

Das alleingültige Erziehungsziel muß wieder erkannt und entsprechend verfolgt werden: Heranbildung der Jugend zu lebenstüchtigen Menschen, die sich im Bewußtsein ihrer Verantwortung vor Gott und dem Mitmenschen den vielgestaltigen Problemen des Lebens stellen und ihnen nicht ausweichen.

Dieses Ziel ist nur zu erreichen in der Erkenntnis der menschlichen Einheit von Körper, Geist und Seele und in dem Wissen, daß Erziehung diese Einheit umfassen muß.

Weil nur Elternhaus, Schule und christliche Kirche diese umfassende Erziehung gewährleisten, ist der Erziehungserfolg vom Zusammenwirken dieser drei Institutionen abhängig, die sich nicht gegenseitig ersetzen lassen, sich jedoch ergänzen.

Elternhaus kann nicht Schule ersetzen, wie dies umgekehrt gilt. Ganz und gar ist christlich-kirchliche Erziehung weder durch Elternhaus noch durch Schule zu ersetzen.

Die verlorene, seit Jahrzehnten verpönte Autorität muß wieder als unverzichtbare Erziehungsvoraussetzung erkannt und respektiert werden, und zwar auf allen drei Gebieten.

Fürsorge der Mutter und die entsprechende Geborgenheit des Kindes beruhen auf mütterlicher Autorität. In diesem einzigartig-innigen Verhältnis gelingt es nur der Mutter, zum rechten Zeitpunkt ihren Zögling zu loben oder zu strafen, mit derselben Hand zu streicheln wie auch mit einem Klaps zurechtzuweisen. Beides, die Liebkosung wie den handfesten Tadel, nimmt das Kind an, weil es spürt, daß nur die mütterliche Autorität es mit ihm am besten meint.

Der Mutter ist es vorbehalten, dem Kind die Existenz und Allgegenwart Gottes bewußtzumachen und damit seinen Lebensweg entscheidend zu beeinflussen. Das junge Menschenkind wird dadurch aufgeschlossen für Grundlegendes im Leben.

Auch die Schule hat vielerorts ihre hohe Aufgabe aus den Augen verloren. Statt die ihr anvertraute Jugend zu selbständigem, kritischem Denken zu erziehen und entsprechend zu belehren, sind vor allem Grundschüler und Heranwachsende allzu oft den Indoktrinationen ungeeigneter Lehrkräfte ausgesetzt, die wertvolle Erziehungsansätze aus dem Elternhaus vernichten. So darf die sexuelle Aufklärung keinesfalls dem Elternhaus entzogen werden; Mutter und Vater allein bieten die Gewähr, dem eigenen Kind diesen Intimbereich zum rechten Zeitpunkt und angemessen zu erschließen, was dem Lehrpersonal im Schülerkollektiv notwendigerweise versagt bleibt.

Dazu kommt, daß Eltern keinerlei Einfluß auf diese schulische Aufklärung nehmen können, so daß die enge Eltern-Kind-Bindung gerade in der entscheidenden Lebensphase des Kindes empfindlich gestört wird. Es entsteht ein Spannungsfeld zwischen Eltern, Kind und Schule; dem Jugendlichen wird der Rückhalt genommen, den nur Eltern und Schule gemeinsam bieten können, er wird vor Probleme gestellt, denen er noch nicht gewachsen ist, er gerät in die Einsamkeit, fühlt sich allein gelassen und ... greift zur Droge und verliert damit seine Jugend, die Möglichkeit also, heranzureifen.

Ein eklatantes Beispiel für die Indoktrination unserer Jugend bietet die GEW in ihrer Stellungnahme »Gegen die Eskalation und Haß – Für eine gerechte Weltordnung«, in der die Amerikaner in ihrer notwendigen Verteidigung gegen die Mörder des 11. September 2001 und ihre Hintermänner als haßerfüllte Täter und die wahren Täter als die

Opfer hingestellt werden, denen man Verständnis entgegenbringt.

Sind diese Erziehungsexperten sich denn bewußt, welchen seelischen Schaden sie der Jugend zufügen, deren wohlverstandene Interessen sie zu beachten haben? Sind sie sich bewußt, daß hier Kinder in völliger Umkehr von Recht und Unrecht zu blindem Haß gegen ein ganzes freies Land erzogen werden? Auch hier schweigen diejenigen, die zu offiziellen Protesten berufen wären, Kultusminister und die einzelnen Lehrerverbände. Eltern und Kinder überläßt man auch hier sich selbst.

Sind wir uns bewußt, wie das Rechtsempfinden, das Gewissen von jungen Menschen überfordert wird, wenn in einem Strafverfahren ein Gutachter ausführt: Der angeschuldigte, drogensüchtige Mörder eines Familienvaters (Frau und drei Kinder) leide an den Entziehungserscheinungen, weshalb er ihm Strafminderung zubillige, ohne auch nur mit einem Wort auf das seelische Leid im Kreis des Opfers einzugehen, wie dies in einer Nachrichtensendung geschah?

Nach den Schreckenstaten am 11. September 2001 stellten kompetente Persönlichkeiten wiederholt fest: Es wird nie wieder so sein wie vor diesem Zeitpunkt, die Geschichte hat sich ruckartig, ohne Übergänge, von heute auf morgen verändert.

Sind wir Zeitgenossen mit unseren »Errungenschaften« diesen Veränderungen gewachsen? Haben wir probate Mittel zur Hand, diese Veränderungen anzunehmen und vernünftig zu nutzen? Haben wir diese Veränderungen im letzten verstanden?

Diese Fragen können wir nicht abschieben an »die da oben«, an unsere Politiker, an die anderen, die sich schon etwas einfallen lassen müssen. Die Redewendung, daß nicht alles so heiß gegessen wird, wie es gekocht wird, zieht hier nicht. Nein – diese Fragen drängen sich einem jeden auf, keiner kann ihnen ausweichen, ein jeder muß sie vor sich beantworten. Und ein jeder, der sich selbst noch ernst nimmt, das heißt noch ein Gespür für seine Verantwortung als Mitmensch hat, wird sich diesen Fragen mit dem Bekenntnis stellen, daß wir Menschen im dritten Jahrtausend den von uns geschaffenen Errungenschaften nicht mehr gewachsen sind. Wir haben unsere geistigen Kräfte vertan, mißbraucht in der Verblendung, daß unser Fortschritt allein auf menschlicher Fähigkeit beruhe.

So hat der braune Diktator in seiner Verblendung eine Herrenrasse züchten wollen und alles »Minderwertige« vernichtet oder sich untergeordnet, bis er selbst vom Schicksal, das er ständig für sich in Anspruch nahm, vernichtet wurde und verschwand.

Die rote Diktatur wurde ebenfalls vom Schicksal vernichtet, führt jedoch in einigen unbelehrbaren Epigonen ein wohlbestalltes, unangefochtenes Leben fort in allen unseren Lebensbereichen. Wir müssen endlich die Zeiten hinter uns lassen, in denen nationalistische Trompetenstöße und kommunistische Schalmeientöne uns Zeitgenossen betören konnten. Wir müssen endlich zu angemessenem, nationalem Selbstbewußtsein finden, wie dies unseren Nachbarvölkern eigen ist, die sich als aus eigener kultureller Vergangenheit gewachsene Lebensgemeinschaften verstehen. In diesem Nationalbewußtsein aller europäischen Vaterländer, die ihre kulturellen Eigentümlichkeiten in das große Ganze einbringen, ohne ihre Eigenart preiszugeben, ist ein Europa mit Zukunft zu gestalten.

Bei allem Schrecken und Leid – der 11. September 2001 hat ruckartig unsere politische Welt verändert, hat von heute auf morgen frühere Feinde zu Freunden gemacht, hat Gemeinschaften gebildet aus der Not heraus, hat bei vielen die Einsicht gebracht, daß es »so nicht weitergeht«.

Wie es weitergehen soll, hat uns die Geschichte zur Genüge vielfältig gelehrt.

Die alleingültige Antwort auf die Frage, der wir uns alle stellen müssen, was der Mensch ist, zeigt uns mit begründeter Hoffnung den Weg in eine erfüllte Zukunft. Unser Verstand allein läßt uns erkennen, daß die Natur, der der

Mensch als erhabenes Geschöpf angehört, das Weltall mit seinen Gesetzmäßigkeiten nicht aus sich heraus bestehen kann, vielmehr den Auctor, den Urheber, den Absoluten, den Schöpfer voraussetzt, den wir Gott nennen. Das Einzigartige, Wunderbare, das uns seine Schöpfung beständig vor Augen führt, kann unser Verstand allein nicht umfassen, dies bleibt uns Menschen unfaßbar, jedoch sinnvoll. Nur der Glaube an den einen Gott, der uns, seine Geschöpfe, ewig liebt, uns als sein Ebenbild geschaffen hat, in Jesus Christus Mensch geworden, uns erlöst hat und in seinem Geist uns zusammenhält, läßt uns die Einheit Gott-Schöpfung-Mensch verstehen, so daß seine Gebote zum Selbstverständnis werden.

In dieser komplexen Betrachtung erkennen wir die volle Bedeutung der Menschenwürde, was der Mensch sich selbst und seinem Mitmenschen schuldig ist, wie wir unser Leben zuordnen und sinnvoll gestalten müssen im ständigen Bemühen um Wahrheit und Liebe; beide setzen sich gegenseitig voraus: Ohne Wahrheit gibt es keine Nächstenliebe, wie es ohne diese keine Wahrheit gibt.

Das bedeutet vordringlich, Überfluß abzuschöpfen und sich zu begnügen, um mit dem somit Gewonnenen weltweit Armut abzubauen, Chancengleichheit für alle zu schaffen und damit den Boden für feindliche Auseinandersetzungen entziehen.

Dies gilt im privaten Bereich in der Begegnung mit der eigenen Umwelt, wie es im öffentlichen Bereich seine Geltung hat im Umgang mit unseren weltweit hungernden Mitmenschen. Diesen ist in erster Linie an Ort und Stelle Hilfe zum Aufbau und zur Organisation der Eigenhilfe zu leisten.

Nur unter diesen Voraussetzungen versetzen wir uns in die Lage, einen Beitrag am Gebilde einer Völkerfamilie zu leisten, die diesen Namen wahrhaft verdient: menschliche Gemeinschaft, in der jeder einzelne sich seiner Verantwortung für das Ganze, je nach seinen Gaben und Möglichkeiten, bewußt ist.

Gedanken zum Schluss

Lassen wir uns also von dem hohen Geist inspirieren, der über Jahrhunderte der Menschheit Fortschritt, Glück und Wohlstand brachte, in Frieden und Freiheit für alle, der geprägt war von der Erkenntnis wahrer Menschenwürde, dem Bewußtsein also, daß nur in der rechten Zuordnung von Gott und Schöpfung menschliches Leben möglich und sinnvoll ist. Denn nur diese absolute Dimension ist auf Dauer angelegt, einmalig, durch nichts anderes zu ersetzen.

Uns Zeitgenossen am Beginn des 3. Jahrtausend ist also die Entscheidung vorgegeben, ob wir unsere hochentwickelten, weitreichenden, technischen Mittel unseren Händen entgleiten lassen und sie der Willkür und dem Eigennutz einzelner Gruppen preisgeben – mit unvorstellbaren Risiken – oder ob wir die notwendige Vernunft und moralische Kraft aufbringen, diesem Fortschritt nicht nur gewachsen zu sein, sondern ihn dienstbar zu machen menschlichem Wohl in all seiner Vielfalt.

Bensheim-Auerbach, im Advent 2001

Teil 3
Gedichte

Johannes der Täufer heute

Da bin ich, um wie jedes Jahr euch meinen Weihnachtsgruß
zu bringen,
euch zu entheben des Alltags hoffnungslosem Grau,
mit euch das ewige Erlösungswunder zu besingen
in demutsvoller Andacht und in kindlich-keuscher Schau.

Christ ist als Mensch für alle Menschen uns geboren,
Für Groß und Klein, für Schwarz und Weiß und Arm und Reich.
In einem Stall hat deutlich Er den Armen sich verschworen.
Die Weihnachtsbotschaft gilt auch heute noch für alle Wohlgesinnten:

Freuet euch!

Doch nur ein dankerfülltes Herz kann weihnachtliche Freude tragen,
ein Herz, das sich der ungetrübten Einsicht nicht verschließt,
dass vor dem Christkind in der Krippe schweigen sollten
alle hochgelehrten Fragen
nach dem Woher, Zu-Was und Wohin letztlich alles fließt.

Denn alle diese Fragen enden in der wunderbaren Liebe,
die Gott im Christkind allen Menschen ewig schenkt
und die den Suchenden heraus aus allem Zeitgetriebe
voll ahnungsvoller Freude und in frommer Stille hin zur Krippe lenkt.

Dort wollen nun auch wir Ihm unsern Dank bekennen

für das Geborgensein in Freiheit, Friede, ohne Angst, ohne Verfolgung,

ohne jede Not,

während so viele Brüder unschuldig gequält,

angstvoll um ihre Freiheit rennen,

so viele Kinder sterben müssen, weil ihnen vorenthalten wird

ihr täglich Brot,

das gar so viele oft mit leichter Hand verschwenden,

ganz ungerührt, wie es dem ärmsten Bruder

etwa in der dritten Welt ergeht.

Zweimal im Jahr hat es mit einem kleinen Opfer sein Bewenden,

wo doch der Allerärmste um unser Menschsein, um unsere Liebe fleht.

So wollen wir die eigenen Mühseligkeiten

geduldig tragen voller Hoffnung auf das ewige Heil,

das allen Menschen – gültig über alle Zeiten –,

die nach der Wahrheit und der Liebe trachten, wird zuteil.

HALTUNG

Dumpfe Gefühle bedrängen

zu unentrinnbaren Zwängen.

Halte ein!

Frohsinn versprühend ich reite,

suchend die endlose Weite.

Halte ein!

Beides: Freude und Bürde

nimm an in geziemender Würde.

Das gibt Halt!

LOB DER BERGSTRASSE

Nicht nur die Blütenpracht *strata montana* verzieret,

auch nicht der Wein nur, der den frohen Zecher erquickt,

belebende Vielfalt man spüret,

die den ahnenden Sucher entzückt.

Die Wälder spenden den Frieden

vor lärmender Hast und Gestreit.

Doch nur dem ist Friede beschieden,

der zu wahrem Glück ist bereit.

Die Berge von Norden nach Süden,

nicht gewaltig, doch harmonisch gefügt,

dem Beschauer Erhabenheit bieten,

die alles Böse besiegt.

Hier zu leben, wirken und dienen

mit Ehrfurcht nehmen wir hin.

Lasst uns freudig und dankbar besinnen

und bekennen mit fröhlichem Sinn:

Laudamus stratam montanam.

Lohnendes Streben

Wer nach dem Wahren und Guten trachtet,
dem wird das Schöne geschenkt.

Wer auf Gottes Weisungen achtet,
der wird von oben gelenkt
zu Erkenntnis – führendem Leben
mit weit umfassender Sicht,
als Ziel im stetigen Streben
nach alles durchdringendem Licht.

Licht, das niemanden blendet,
doch leuchtet und alles verklärt,
das im Anfang war und nicht endet,
das dem Suchenden Einsicht gewährt.

GOTTES GEIST

Was Gottes Geist in weiser Absicht sich hat vorbehalten:

den Sinn zu wecken für die hehre Unschuld der Natur,

in freier Wahl uns einzuordnen in des Schöpfers ewigliches Walten,

aus aller Vielfalt zu erkennen Seine zarte Spur,

die uns bewegen soll, Sein Werk vor unheilvollem Umgang zu bewahren

zu eigenem Nutzen, sinnvoll und in gottgewollter Freud,

dies können wir alltäglich wundersam erfahren.

So ziemt uns Menschen, Ihn zu loben und zu preisen allezeit.

Mit diesem Lobpreis wollen wir alltäglich neu beginnen

mit Herz, Verstand und Gottesliebe tiefgeprägt,

dass wir uns auf die Achtung Mensch vor Mensch

im Füreinander stets besinnen,

weil in dem Miteinander nur das Füreinander trägt.

Reife

Er ist fürwahr ein reifer Mann,
der sich vor Gott als Kind nur begreifen kann.

DREIKLANG

Was nützet alles tote Wissen,

wenn unbeweglich bleibt der Geist.

Die Harmonie ist stets zerrissen,

wenn du nicht um das Ganze weißt.

Geist, Körper, Seele ist das Ganze,

das inniglich zusammen klingt,

der Dreiklang wird bewusst beim Tanze,

da all dies ineinander schwingt.

TAKT-LOS

Der Blechner kann es nicht verstehn,
dass sich beim Cha-Cha-Cha im Nu
auf eins, zwei, drei die Damen drehn,
der Weber schaut ihm hämisch zu.

Dabei vergisst der ganz die Seine,
die ihrerseits sich dreht mit Wucht,
sodass er plötzlich ganz alleine
vergeblich nach dem Anschluss sucht.

DER JUBILÄUMS-FRESSKORB

Wohlwissend, dass bei solchen Jubiläumstagen

der Jubilierte sich, wenn alles rum ist, oftmals strapaziert,

weil er muss kübelweise Blumenstöcke dankerfüllt nach Hause tragen,

die man aus solchem Anlass ihm, dem Hochgeehrten, als Präsent serviert,

hat ein Präsent, das ohne jede Müh verbunden,

das höchste sinnenfrohe Gaumenlust beschert,

im Haus des Jubilars das höchste Lob gefunden.

Nach jedem Schluck und Bissen aus dem Freßkorb fühl ich mich hochgeehrt.

Der Apotheker und sein Hund
Eine wahre Geschichte

Wo Manneskraft und Hundetreue

tatkräftiglich zusammenwirkt,

wo Energie sich paart mit Schläue,

geballte Kraft das Ganze birgt,

da ist es aggressiv-erfreulich,

wie man es hört von Mund zu Mund.

Die Tagespresse bracht' es neulich

vom Apotheker und sein'm Hund.

Da schlich doch einer unverdrossen

in dieb'scher Absicht ungeniert,

durch eine Tür, die unverschlossen,

mit langen Fingern recht versiert.

Das Spiel geht schief, denn augenblicklich

steht er in des Geschehens Rund',

den Otto mein ich, der recht glücklich

erwischt den Dieb – doch ohne Hund.

Der hehre Raum der Apotheke,

wo Labsal wird dem kranken Herz,

das Zentrum der Gesundheitspflege

wird nun entweiht durch üblen Scherz.

Ein regelrechtes Schlachtgetümmel
herrscht hier als wie zur Geisterstund,
beherzt er fasst den frechen Lümmel,
der Apotheker. – Und der Hund
hat Freude an dem Zankgespiele
und knurrt vergnüglich, doch bleibt *down,*
er mischt sich nicht in das Gewühle,
weit besser ist es zuzuschaun.

Die Quintessenz von der Geschichte
sei allen hier zu wissen kund:
Die Kampfmoral gab, wenn auch schlichte,
des Apothekers treuer Hund.
Vor diesem musst' er sich bewähren
schon aus erzieherischem Grund,
alleine tat sich Otto wehren,
schlägt tapfer sich auch ohne Hund.
Die Sorge, sich nicht zu blamieren,
gab ihm den Mut im letzten Grund,
er wollte nicht kapitulieren
als Herr vor seinem treuen Hund.

FÜNFZIGJAHRESFEIER
BENSHEIM, DALBERGER HOF

Semper idem

Es ist schon ratsam, nützlich, heiter,
wenn man im Höhepunkt der Zeit
herabschaut von der hohen Leiter,
wo Sprosse sich an Sprosse reiht.

Die erste Sprosse war erklommen,
als ich mit Mutter Hand in Hand –
das Dasein war noch recht verschwommen –
zum ersten Mal vorm Lehrer stand.
Um Angst und Jammer zu verhüten,
wie zu befürchten offenbar,
gab man uns hohe Zuckertüten:
Der erste Trick gelungen war.
Wir gingen frisch gekämmt zur Schule,
verließen sie mit Dreck und Speck,
weil in der Pause im Gewuhle
der erste Anstrich war schnell weg.
Wir fühlten uns wie junge Fohlen
und lebten in den Tag hinein;
wir sagten damals unverhohlen
zum Echten ja, zum Schlechten nein.

Wir stiegen höher auf der Leiter
und waren keine Kinder mehr,
auf eimal waren wir gescheiter
und standen mitten in der Lehr'.
Der Peter suchte zu ergründen,
wie Schweine werden bares Geld,
der Ludwig wollt' die Formel finden,
wie man frisiert die Frau von Welt.
Mit Stein und Speis zu operieren
wählt' sich Hans Seitz als sein' Beruf,
mit Zahlenreihen zu jonglieren
Hanns Bambach seinen Posten schuf.
Den zähen Teig in Brot gestalten
oder in Kuchen knusprig frisch:
Karl Schachner wollt' es damit halten
und scheffelt Geld am Ladentisch.
Der Blechner lernt die Zauberkünste,
wie man aus Schwarz macht einfach Weiß,
steht damit jederzeit zu Dienste
und führt Prozesse auf Geheiß.

So sitzen wir mit fünfzig Jahren
hoch oben auf der Leiter fest.
Was einstmals Buben, Mädchen waren,
verließen lang ihr Elternnest.

Nicht alles ging so ungeschoren,
wie man als Kind sich's hat erdacht;
der Sturm schlug heftig um die Ohren,
der Sturm hat uns zum Mann gemacht.

Doch wollen wir uns heut besinnen,
was wir einst waren, was wir sind.
Es ist ein ewiges Beginnen –
im Grund' wir bleiben stets ein Kind.

Besuchen Sie uns im Internet:

www.karin-fischer-verlag.de

www.deutscher-lyrik-verlag.de

*Bibliografische Information
der Deutschen Nationalbibliothek*
Die Deutsche Nationalbibliothek verzeichnet
diese Publikation in der Deutschen Nationalbibliografie;
detaillierte bibliografische Daten sind im Internet über
http://dnb.d-nb.de abrufbar.

*Bibliographic information published
by the Deutsche Nationalbibliothek*
The Deutsche Nationalbibliothek lists
this publication in the Deutsche Nationalbibliografie;
detailed bibliographic data is available in the Internet at
http://dnb.d-nb.de.

Originalausgabe · 1. Auflage 2011

Copyright © 2011 Hans G. Blechner
Copyright © für diese Ausgabe 2011
Karin Fischer Verlag GmbH
Wallstraße 50, D-52064 Aachen

Alle Rechte vorbehalten

Gesamtgestaltung: yen-ka

Hergestellt in Deutschland

ISBN 978-3-8422-3919-7